W0191937

Joachim Ringelnatz

Ich bin so knallvergnügt erwacht

Joachim Ringelnatz

Ich bin so knallvergnügt erwacht

Die besten Gedichte

marixverlag

FSC
www.fsc.org
MIX
Papier aus ver-
antwortungsvollen
Quellen
FSC® C006701

Bibliografische Information der Deutschen Nationalbibliothek
Die Deutsche Nationalbibliothek verzeichnet diese Publikation in der Deutschen
Nationalbibliografie; detaillierte bibliografische Daten sind im Internet über
http://dnb.d-nb.de abrufbar.

9. Auflage 2014

© by marixverlag in der Verlagshaus Römerweg GmbH, Wiesbaden 2014
Redaktion: Stefanie Evita Schaefer, marixverlag
Covergestaltung: Nicole Ehlers, marixverlag
Bildnachweis: Zeichnung „Happy as a Kid in a Candystore",
Art in Boxes by Volker Kühn, Lilienthal, www.artinboxes.de
Satz und Bearbeitung: Medienservice Feiß, Burgwitz
Gesetzt in der Adobe Garamond
Gesamtherstellung: CPI books GmbH, Leck – Germany
Printed in Germany

ISBN: 978-3-86539-274-9
www.marixverlag.de

INHALT

Gedichte, die keine Überschrift haben, wurden mit ihrer ersten Zeile in das Inhaltsverzeichnis aufgenommen. Diese dient in einigen Fällen gleichfalls als Sammlungstitel einzelner, thematisch zusammengehörender Gedichte.

Ernster Rat an Kinder.
Eine Auswahl 9

Wer hört ein Stäubchen lachen? 25

Als ich noch ein Seepferdchen war 53

Turngedichte. Eine Auswahl 65

Kuttel Daddeldu oder das schlüpfrige Leid. Eine Auswahl 79

Flugzeuggedanken 95

Kurz vor der Weiterreise 105

Nie bist du ohne Nebendir   193

Allein zu zwein   207

Du, meine Frau, wirst mich verstehen   237

Aufgebung   247

Ernster Rat an Kinder.
Eine Auswahl

Kinder, spielt mit einer Zwirnsrolle!

Gewaltigen Erfolg erzielt,
Wer eine große Rolle spielt.

Im Leben spielt zum Beispiel so,
Ganz große Rolle: der Popo.

Denkt nach, dann könnt ihr zwischen Zeilen
Auch mit geschlossenen Augen lesen,
Dass Onkel Ringelnatz bisweilen
Ein herzbetrunkenes Kind gewesen.

Kindergebetchen

Erstes
Lieber Gott, ich liege
Im Bett. Ich weiß, ich wiege
Seit gestern fünfunddreißig Pfund.
Halte Pa und Ma gesund.
Ich bin ein armes Zwiebelchen,
Nimm mir das nicht übelchen.

Zweites
Lieber Gott, recht gute Nacht.
Ich hab noch schnell Pipi gemacht,
Damit ich von dir träume.
Ich stelle mir den Himmel vor
Wie hinterm Brandenburger Tor

Die Lindenbäume.
Nimm meine Worte freundlich hin,
Weil ich schon sehr erwachsen bin.

Drittes
Lieber Gott mit Christussohn,
Ach schenk mir doch ein Grammophon.
Ich bin ein ungezognes Kind,
Weil meine Eltern Säufer sind.

Verzeih mir, dass ich gähne.
Beschütze mich in aller Not.
Mach meine Eltern noch nicht tot
Und schenk der Oma Zähne.

Das Abc ist äußerst wichtig

Das Abc ist äußerst wichtig,
Im Telefonbuch steht es richtig.

Sechs Beine hat der Elefant

Sechs Beine hat der Elefant.
Er wird auch Missgeburt genannt.

Maikäfermalen

Setze Maikäfer in Tinte. (Es geht auch mit Fliegen.)
Zweierlei Tinte ist noch besser, schwarz und rot.
Lass sie aber nicht zu lange darin liegen,
Sonst werden sie tot.

Flügel brauchst du nicht erst rauszureißen.
Dann musst du sie alle schnell aufs Bett schmeißen
Und mit einem Bleistift so herumtreiben,
Dass sie lauter komische Bilder und Worte schreiben.
Bei mir schrieben sie einmal ein ganzes Gedicht.

Wenn deine Mutter kommt, mache ein dummes Gesicht,
Sage ganz einfach: »Ich war es nicht!«

Afrikanisches Duell

Wenn dich der Paul oder jemand, den du kennst,
Schwein schimpft oder wenn du ihn Rindvieh nennst,
Dann habt ihr euch beleidigt.
Dann müsst ihr afrikanisches Duell machen.
Ich bin der Schiedsrichter, der bei Ehrenwort euch vereidigt.
Niemand darf auch nur mit der Wimper lachen.
Jeder schweigt. Und ihr stellt euch dabei
Gegenüber. Mit sechs Handbreit Abstand. Und dann
Zähle ich langsam bis drei.
Darauf spuckt jeder dem anderen ins Gesicht
Möglichst so lange, bis der nicht mehr sehen kann.
Mich anspucken gilt aber nicht.

Wer zuerst sagt, er habe genug abgekriegt,
Der ist besiegt
Und muss sich von mir eine runterhauen lassen,
Ohne sich wehren oder mich anfassen.
Darauf dürft ihr euch nicht mehr hassen,
Sondern müsst euch bezähmen
Wie Männer von Ehre und Stand.
Jeder reicht dem andern die Hand.
Weil die Helden in Afrika sich wegen Spucke nicht schämen.

Eine Erfindung machen

Nur für Kinder, die keinen Schiss haben

Wer was erfindet, wird furchtbar reich.
Was man erfindet, ist ganz gleich.
Wenn man nur allerlei Dinge zusammenmischt,
Noch länger, als bis es zischt, und das Richtige rausfischt,
Dann wird man in wenigen Stunden
Berühmt oder macht Gold.
Ich hab auch schon mal was zur Hälfte erfunden,
Aber Wolfgang, mein Bruder, wollte nicht mehr. –
Wenn ihr das etwa fertig erfinden wollt,
Will ich's euch sagen. Aber es ist sehr, furchtbar sehr schwer.
Das allerwichtigste ist die teure
Furchtbar gefährliche Salzsäure.
Entweder findet ihr die im Klosett
Hoch oben auf einem Brett.
Oder ihr müsst euch unter das Dienstmädchen stecken.
Dürft aber ja nicht dran lecken.

Erst legt ihr einen Goldfisch oder anderen Fisch –
Es kann auch ein Rollmops sein –
Nicht etwa auf den Tisch,
Sondern: Auf Elfenbein.
Und zwar auf die weißen Tasten von dem Klavier.
Müsst aber die Fische vorher mit Bier
Und Zahnpulver kneten
Und auch erst tottreten,
Damit sie auch liegen bleiben.
Nun müsst ihr Seife, dann Zwiebel darüber reiben.
Dann müsst ihr Pfennige, Nachtleuchterstücken
und anderes Kupfer tief in die Fische drücken
Und nun darüber langsam Salzsäure träufeln.

Dann holt ihr schnell eine Schaufel (eigentlich zwei
 Schäufeln)
Voll glühender Kohlen.
Wolfgang ließ mich damals die zweite Schaufel nicht holen.
Der dumme Ochse ist ja zu unverschämt.
Aber ihr müsst das zu Ende bringen.
Wenn ihr noch Soda und Wachs und so was zu nehmt,
Dann wird's schon gelingen.
Und wenn eure Eltern was wollen,

Dann müsst ihr zum Trotz in die glühenden Kohlen fassen.
Und sagt nur ganz barsch: Sie sollen
Sich lieber und recht bald begraben lassen.

Sich interessant machen

Für einen großen Backfisch

Du kannst doch schweigen? Du bist doch kein Kind
Mehr! – Die Lederbände im Bücherspind
Haben, wenn du die umgeschlagenen Deckel hältst,
Hinten eine kleine Höhlung im Rücken.
Dort hinein musst du weichen Käse drücken.
Außerdem kannst du Käsepfropfen
Tief zwischen die Sofapolster stopfen.

Lasse ruhig eine Woche verstreichen.
Dann musst du immer traurig herumschleichen.
Bis die Eltern nach der Ursache fragen.
Dann tu erst, als wolltest du ausweichen,
Und zuletzt musst du so stammeln und sagen:
»Ich weiß nicht – ich rieche überall Leichen –.«

Deine Eltern werden furchtbar erschrecken
Und überall rumschnüffeln nach Leichengestank
Und dich mit Schokolade ins Bett stecken.
Und zum Arzt sage dann: »Ich bin seelenkrank.«
Nur lass dich ja nicht zum Lachen verleiten.
Deine Eltern – wie die Eltern so sind –
Werden bald überall verbreiten:
Du wärst so ein merkwürdiges, interessantes Kind.

Ernster Rat an Kinder

Wo man hobelt, fallen Späne.
Leichen schwimmen in der Seine.
An dem Unterleib der Kähne
Sammelt sich ein zäher Dreck.

An die Strähnen von den Mähnen
Von den Löwen und Hyänen
Klammert sich viel Ungeziefer.
Im Gefieder von den Hähnen
Nisten Läuse; auch bei Schwänen.
(Menschen gar nicht zu erwähnen,
Denn bei ihnen geht's viel tiefer.)

Nicht umsonst gibt's Quarantäne.

Allen graust es, wenn ich gähne.
Ewig rein bleibt nur die Träne
Und das Wasser der Fontäne.

Kinder, putzt euch eure Zähne!!

Abzähl-Reime

Bülow, Nolle, Witte, Zoo …
Auf dem Dache sitzt ein Floh,
Der sich nicht zu helfen wo.

Konikoki Kakadu …
Rose auf und Rose zu.
Ferkel Ei und Ferkel Zwei.
Wer nicht fehlt, ist mit dabei.

Stachus, Kios, Kaos, Kies,
Spinne, Speise, Scheiße, schieß.
Sexu Elefant Asie.
Fische haben nie kein Knie.

Ritze Rotze Ringelratz
Zwei Miezeschwein, ein Grunzekatz.
Mein Großpapa heißt Lali,
Der wird des Nachts ganz lila.

———◆———

Die Feder

Ein Federchen flog über Land;
Ein Nilpferd schlummerte im Sand.

Die Feder sprach: »Ich will es wecken!«
Sie liebte, andere zu necken.

Aufs Nilpferd setzte sich die Feder
Und streichelte sein dickes Leder.

Das Nilpferd öffnete den Rachen
Und musste ungeheuer lachen.

Der Funke

Es war einmal ein kleiner Funke.
Das war ein großer Erzhallunke.

Er sprang vom Herd und wie zum Spaß
Gerade in ein Pulverfass.

Das Pulverfass, das knallte sehr;
Da kam sofort die Feuerwehr

Und spritzte dann mit Müh und Not
Das Feuer und das Fünkchen tot.

Die Seifenblase

Es schwebte eine Seifenblase
Aus einem Fenster auf die Straße.

»Ach nimm mich mit dir«, bat die Spinne
Und sprang von einer Regenrinne.

Und weil die Spinne gar nicht schwer,
Fuhr sie im Luftschiff übers Meer.

Da nahte eine böse Mücke,
Sie stach ins Luftschiff voller Tücke.

Die Spinne mit dem Luftschiff sank
Ins kalte Wasser und ertrank.

———

Der Floh

Herr Müller hatte einen Floh,
Der stach Herrn Müller irgendwo.

Herr Müller dankte für die Ehre,
Dann nahm er eine lange Schere

Und schnitt ihn in zwei gleiche Teile.
Jedoch, nach einer kurzen Weile,

Da wurden aus dem einen Floh
Zwei neue Flöh' daraus. – Oho!

Da sprach der eine von den beiden:
»Man muss nicht einen Floh zerschneiden.«

Der Wassertropfen

Ein Wassertropfen fiel vom Himmel;
Es war ein ungezog'ner Lümmel.

Im Grase schlief ein dummer Hase,
Der Tropfen fiel auf seine Nase.

Der Hase dachte sich dabei,
Dass er jetzt totgeschossen sei.

Er sprang in seinem großen Schreck
Aus seinem sicheren Versteck.

Der Jägersmann stand an der Straße
Und schoss ihn wirklich in die Nase.

———•———

Der Stein

Ein kleines Steinchen rollte munter
Von einem hohen Berg herunter.

Und als es durch den Schnee so rollte,
Ward es viel größer als es wollte.

Da sprach der Stein mit stolzer Miene:
»Jetzt bin ich eine Schneelawine.«

Er riss im Rollen noch ein Haus
Und sieben große Bäume aus.

Dann rollte er ins Meer hinein,
Und dort versank der kleine Stein.

WER HÖRT EIN STÄUBCHEN LACHEN?

Wer hört ein Stäubchen lachen?

Stäubchen stob durch die Stube.
Dort saß ein kleiner Bube
(Der Stäubchen wie ein Riese erschien)
Vor einem Stadtplan von Berlin.

Stäubchen lachte: »Berlin ist klein!«
Drang in Bübchens Nase hinein
Und ließ sich von dem Riesen
Wieder ins Weltall niesen.

———

Das scheue Wort

Es war ein scheues Wort.
Das war ausgesprochen
Und hatte sich sofort
Unter ein Sofa verkrochen.

Samstags, als Berta das Sofa klopfte,
Flog es in das linke, verstopfte
Ohr von Berta. Von da aus entkam es.
Ein Windstoß nahm es,
Trug es weit und dann hoch empor,
Wo es sich in das halbe, bange
Gedächtnis eines Piloten verlor.

Fiel dann an einem Wiesenhange
Auf eine umarmte Arbeiterin nieder,
Trocknete deren Augenlider.
Wobei ein Literat es erwischte

Und, falsch belauscht,
Eitel aufgebauscht,
Mittags dann seichten Fressern auftischte.

Und das arme, missbrauchte,
Zitternde scheue Wort
Wanderte weiter und tauchte
Wieder auf, hier und dort.
Bis ein Dichter es sanft einträumte,
Ihm ein stilles Palais einräumte. –

Kam aber sehr bald ein Parodist
Mit geschäftlich sicherem Blick,
Tauchte das Wort mit Speichel und Mist
In einen Aufguss gestohlner Musik.

So ward es publik.
So wurde es volkstümlich laut.
Und doch nur sein Äußeres, seine Haut,
Das Klangliche und das Reimliche.
Denn das Innerste, Heimliche
An ihm war weder lauschend noch lesend
Erreichbar, blieb öffentlich abwesend.

Am Sachsenplatz: Die Nachtigall

Es sang eine Nacht …
Eine Nachti …
Ja Nachtigall am Sachsenplatz
Heute morgen. – Hast du in Berlin
Das je gehört? – Sie sang, so schien
Es mir, für mich, für Ringelnatz.

Und gab mir doch Verlegenheit,
Weil sie dasselbe Jauchzen sang,
Das allen Dichtern früherer Zeit
Durchs Herz in ihre Verse klang.
In schöne Verse!

Nachtigall,
Besuche bitte ab und zu
Den Sachsenplatz;
Dort wohne ich. – Ich weiß, dass du
Nicht Verse suchst von Ringelnatz.

Und hatten doch die Schwärmer recht,
Die dich besangen gut und schlecht.

———•———

Im Park

Ein ganz kleines Reh stand am ganz kleinen Baum
Still und verklärt wie im Traum.
Das war des Nachts elf Uhr zwei.
Und dann kam ich um vier
Morgens wieder vorbei,
Und da träumte noch immer das Tier.
Nun schlich ich mich leise – ich atmete kaum –
Gegen den Wind an den Baum
Und gab dem Reh einen ganz kleinen Stips.
Und da war es aus Gips.

———

Der Globus

»Wo sitzt«, so frug der Globus leise
Und naseweise die weise, weiße,
Unübersehbar weite Wand,
»Wo sitzt bei uns wohl der Verstand?«

Die Wand besann sich eine Weile,
Sprach dann: »Bei dir – im Hinterteile!«

Nun dreht seitdem der Globus leise
Sich um und um herum im Kreise –
Als wie am Bratenspieß ein Huhn,
Und wie auch wir das schließlich tun –,
Dreht stetig sich und sucht derweil
Sein Hinterteil, sein Hinterteil.

———

»Oh«, rief ein Glas Burgunder

»Oh«, rief ein Glas Burgunder,
»Oh, Mond, du göttliches Wunder!
Du gießt aus silberner Schale
Das liebestaumelnde, fahle,
Trunkene Licht wie sengende Glut
Hin über das nachtigallige Land – –«

Da rief der Mond, indem er verschwand:

»Ich weiß! Ich weiß! Schon gut! Schon gut!«

———————

Lustig quasselt

Lustig quasselt der seichte Bach.
Scheinchen scheppern darüber flach.
Stumm gegen die Wellchen steht ein Stein,
Sieht – wie mir scheint –
Ernst aus und verweint.

Denn es macht traurig, unbequem zu sein.

———————

31

Weiß nicht mehr, was ich sagen wollte

Angegriffen und doch unversehrt
Rollt ein Bächlein zu Tale.
Und ein Stahlhelm ist umgekehrt
Eine stillende Schale.

Mancher Dieb wird erwischt.
Jedes Leben erlischt.
Zu dem Staubgefäß in der Dolde
Schleicht sich auch mancher Dieb –
Ich weiß gar nicht mehr, was ich sagen wollte –
Sei lieb!

Ein Kehlkopf litt an Migräne

Ein Kehlkopf litt an Migräne
Und schrie wie eine Hyäne,
Er schrie sich wund.
Doch als ihm niemand zu Hilfe kam
Und niemand ein Geschrei vernahm,
War er auf einmal – – – gesund.

Ein Pinsel mit sehr talentvollen Borsten

Ein Pinsel mit sehr talentvollen Borsten,
Der musste viel hungern und viel dorsten.
Er war 60 Jahre alt und hieß Tipfelchen.
Aus festem Tannenholz war sein Stiel.
Er malte, und was er malte, gefiel.
Doch, wie gesagt, er litt Hunger und Durst.
Da kam eine junge fettige Wurst.
Sie wog 500 Gramm und war vom Stamme Rindvieh.
Kaum hatte der Pinsel die Wurst gesehn,
Blieb er stehn.
Bückte sich tief dabei,
Knickte dann schief entzwei.

Die Wurst aber, mit Namen Schulze,
Sagte: »Mein lieber Tipfelchen,
Hier hast du ein Wurstzipfelchen,
Male mir mal drei Meter Sulze.«

———•———

Abschiedsworte an Pellka

Jetzt schlägt deine schlimmste Stunde,
Du Ungleichrunde,
Du Ausgekochte, du Zeitgeschälte,
Du Vielgequälte,
Du Gipfel meines Entzückens.
Jetzt kommt der Moment des Zerdrückens
Mit der Gabel! – – Sei stark!
Ich will auch Butter und Salz und Quark
Oder Kümmel, auch Leberwurst in dich stampfen.
Musst nicht so ängstlich dampfen.
Ich möchte dich doch noch einmal erfreun.
Soll ich Schnittlauch über dich streun?

Oder ist dir nach Hering zumut?
Du bist ein so rührend junges Blut. –
Deshalb schmeckst du besonders gut.
Wenn das auch egoistisch klingt,
So tröste dich damit, du wundervolle
Pellka, dass du eine Edelknolle
Warst und dass dich ein Kenner verschlingt.

———•———

Meine Schuhsohlen

Sie waren mir immer nah.
Obwohl ich sie selten sah,
Die Sohlen meiner Schuhe.

Sie waren meinen Fußsohlen hold.
An ihnen klebt ewige Unruhe
Und Dreck und Blut und vielleicht sogar Gold.

Sie haben sich aufgerieben
Für mich und sahen so selten das Licht.
Wer seine Sohlen nicht lieben
Kann, liebt auch die Seelen nicht.

Mir ist seit einigen Tagen
Das Herz so schwer.
Ich muss meine Sohlen zum Schuster tragen,
Sonst tragen sie mich nicht mehr.

———•———

Es war einmal ein Kragenknopf

Es war einmal ein Kragenknopf
Mit einer Mechanik am Kopf.
Der Kragenknopf saß im Genick.
Er schnipste mit der Mechanik,
Worauf mit unheilvollem Klang
Ein Kragen, der den Hals umschlang,
Elastisch aus der Angel sprang.
Ein Finger mühte sich durch Knipsen,
Ihn wieder richtig einzuschnipsen,
Doch weil ihm das nicht wollte glücken,
Ergriff besagter Kragenknopf
Schnell die Gelegenheit beim Schopf
Und rutschte an des Menschen Rücken
Mit nie geahnter Blitzesschnelle
Hinab nach jener düstern Stelle,
Die sich der arme Mensch verletzt,
Wenn er sich auf was Spitzes setzt.

Die Schnupftabaksdose

Es war eine Schnupftabaksdose,
Die hatte Friedrich der Große
Sich selbst geschnitzelt aus Nussbaumholz.
Und darauf war sie natürlich stolz.

Da kam ein Holzwurm gekrochen,
Der hatte Nussbaum gerochen.
Die Dose erzählte ihm lang und breit
Von Friedrich dem Großen und seiner Zeit.

Sie nannte den alten Fritz generös.
Da aber wurde der Holzwurm nervös
Und sagte, indem er zu bohren begann:
»Was geht mich Friedrich der Große an!«

———•———

Ein männlicher Briefmark erlebte was Schönes

Ein männlicher Briefmark erlebte
Was Schönes, bevor er klebte.
Er war von einer Prinzessin beleckt.
Da war die Liebe in ihm erweckt.

Er wollte sie wiederküssen,
Da hat er verreisen müssen.
So liebte er sie vergebens.
Das ist die Tragik des Lebens!

———•———

37

Emanuel Pips

Zu seinem 81. Geburtstag

Den Kammerjäger Emanuel Pips
Vom linken Ufer des Mississipps
Mochte jedermann leiden.
Er war äußerst bescheiden.
Er trug acht Zentimeter Rips
Als Anzug und einen Seiden-
faden in Grün als Schlips,
Fragte niemals nach Rennbahntipps,
Hatte überhaupt keinen Grips,
Aß einmal am Tage (potato-ships),
Trank alkoholfreie Salzwasserflips,
Wurde trotz alledem magenkrank
Und starb am Schwips.
Seine kleine Büste aus Gips
Steht unter anderen Nippes
Heute auf meinem Bücherschrank.

Berichtigung: Kammerjäger Pips
Schrieb sich eigentlich innen mit Yps-
Ilon, doch war so bescheiden und lieb,
Dass es ihm gleich war, wie man ihn schrieb.

Ringelnatter

»Nein«, schimpfte die Ringelnatter, »die Mode
Von heutzutage, die wurmt mich zu Tode.
Jetzt soll man täglich, sage und schreibe,
Zweimal die Wäsche wechseln am Leibe.
Und immer schlimmer wird's mit den Jahren.
Es ist rein um aus der Haut zu fahren!«
So schimpfte die Ringelnatter laut,
Und wirklich fuhr sie aus der Haut.

Der Vorfall war nicht ohne Bedeutung,
Denn zoologisch nennt man das Häutung.

———•———

Es war ein Brikett

Es war ein Brikett, ein großes Genie,
Das Philosophie studierte
Und später selbst an der Akademie
Im gleichen Fache dozierte.

Es sprach zur versammelten Briketterie:
»Verehrliches Auditorium,
Das Leben – das Leben – beachten Sie –
Ist nichts als ein Provisorium.«
Da wurde als ketzerisch gleich verbannt
Der Satz mit dem Provisorium.
Das arme Brikett, das wurde verbrannt
In einem Privatkrematorium.

Sie faule, verbummelte Schlampe

»Sie faule, verbummelte Schlampe«,
Sagte der Spiegel zur Lampe.
»Sie altes, schmieriges Scherbenstück«,
Gab die Lampe dem Spiegel zurück.
Der Spiegel in seiner Erbitterung
Bekam einen ganz gewaltigen Sprung.

Der zornigen Lampe verging die Puste.
Sie fauchte, rauchte, schwelte und rußte.
Das Stubenmädchen ließ beide in Ruhe
Und doch: Ihr schob man die Schuld in die Schuhe.

Das Schlüsselloch

Das Schlüsselloch, das im Haustor saß,
Erlaubte sich nachts einen Spaß.
Es nahten Studenten
Mit Schlüsseln in Händen.
Da dachte das listige Schlüsselloch:
Ich will mich verstecken,
Um sie zu necken!
Worauf es sich wirklich seitwärts verkroch.
Alsbald nun tasteten die Studenten
Suchend,
Fluchend,
Mit Händen
An Wänden.
Und weil sie nichts fanden, zogen sie weiter.
Schlüsselloch lachte heiter.

(Die Herren erreichten ihr Zimmer nimmer.
Eigentlich war die Sache noch schlimmer.
Ich selbst war nämlich bei den Studenten –
Doch lassen wir es dabei bewenden.)

———•———

Es trafen sich von ungefähr

Es trafen sich von ungefähr
Ein Wolf, ein Mensch sowie ein Bär,
Und weil sie lange nichts gegessen,
So haben sie sich aufgefressen.
Der Wolf den Menschen, der den Bär,
Der Bär den Wolf. – Es schmeckte sehr
Und blieb nichts übrig als ein Tuch,
Drei Haare und ein Wörterbuch.
Das war der Nachlass dieser drei.
Der eine Mensch, der hieß Karl May.

Es lebte an diskretem Orte

Es lebte an diskretem Orte
Ein Stückchen Seife, bester Sorte,
In einem Porzellanbehälter.
Das ward mit jedem Tage älter.
Weil es mit Moschusduft durchhaucht,
Ward es vom Menschen gern gebraucht.
Einstmals – das wann und wie ist schnuppe –
Geriet es in die Erbsensuppe.
Der Mensch benahm sich miserabel.
Er stach die Seife mit der Gabel,
Beroch sie roh und rief: »Pfui, Spinne!«
Da schwanden ihr vor Angst die Sinne.

Die Badewanne

Die Badewanne prahlte sehr.
Sie hielt sich für das Mittelmeer
Und ihre eine Seitenwand
Für Helgoländer Küstenland.
Die andre Seite – gab sie an –
Sei das Gebirge Hindustan,
Und ihre große Rundung sei
Bestimmt die Delagoabai.
Von ihrem spitzen Ende vorn
Erklärte sie, es sei Kap Horn.
Den Kettenzug am Regulator
Hielt sie sogar für den Äquator.
Sie war – nicht wahr, das merken Sie? –
Sehr schwach in der Geografie.
Dies eingebildete Bassin.
Es wohnte im Quartier latin.

—◆—

Ein Gemisch

Es bildete sich ein Gemisch
Von Stachelschwein und Tintenfisch.
Die Wissenschaft, die teilt es ein
In Stachelfisch und Tintenschwein.
Der Fisch bewohnt den Ozean.
Gefährlich ist es, ihm zu nahn.
Das Tintenschwein trifft man in Büchern,
An Fingerspitzen, Taschentüchern.
Es ist – das liegt ja auf der Hand –
Dem Igelschwein noch sehr verwandt.

Ein Taschenkrebs

Ein Taschenkrebs und ein Känguru,
Die wollten sich ehelichen.
Das Standesamt gab es nicht zu,
Weil beide einander nicht glichen.

Da riefen sie zornig: »Verflucht und verdammt
Sei dieser Bürokratismus!«
Und hingen sich auf vor dem Standesamt
An einem Türmechanismus.

Frau Teemaschine

Frau Teemaschine sang auf dem Feuer.
Der Beifall war ganz ungeheuer.
Ja, ihre Base Petroleumkanne
War von dem Liede ganz gefangen.
Ihr rannen die Tränen über die Wangen
Und tropften gerade in eine Pfanne,
In der ein Schweinebraten briet,
Der ausgezeichnet dann geriet.
War auch Petroleum drauf geflossen,
Er wurde trotzdem doch genossen.
Sein Herr war mit dem Koch zufrieden.

(Besagter Herr war ein Kosak;
Sein Leibgericht war Siegellack.)

Ja, die Geschmäcker sind verschieden.

———

Man stirbt hier vor Langeweile

Man stirbt hier vor Langeweile,
Dachte die Nagelfeile
Beim Mittagessen!
Und machte sich, wie von ungefähr,
Über den Fingernagel her,
Beim Mittagessen!
Da begann eine silberne Gabel zu schrein:
»Meine Dame — — Sie sind hier nicht allein!«

———

45

An einem Teiche

An einem Teiche
Schlich eine Schleiche,
Eine Blindschleiche sogar.
Da trieb ein Etwas ans Ufer im Wind.
Die Schleiche sah nicht, was es war,
Denn sie war blind.
— — — — — — — — — — — — — — — — — —
Das dunkle Etwas aber war die Kindsleiche
Einer Blindschleiche.

Im dunklen Erdteil Afrika

Im dunklen Erdteil Afrika
Starb eine Ziehharmonika.
Sie wurde mit Musik begraben.
Am Grabe saßen zwanzig Raben.
Der Rabe Num'ro einundzwanzig
Fuhr mit dem Segelschiff nach Danzig
Und gründete dort etwas später
Ein Heim für kinderlose Väter.
Und die Moral von der Geschicht? –
Die weiß ich leider selber nicht.

Ein Schutzmann

Ein Schutzmann wurde plötzlich krank
Und setzte sich auf eine Bank.
Dort saß bereits ein Stachelschwein.
Der Schutzmann setzte sich hinein.
Da schrie er: »Au!« und schrie er: »Oh!«
Und kratzte sich an dem Po–lizeihelm.

———•———

Unterm Tisch

Es war ein Stückchen Fromage de brie,
Das fiel untern Tisch. Man sah nicht wie.
Dort standen zwei Lackschuh mit silbernen Schnallen.
Die fanden an dem Fromage Gefallen
Und traten nach einiger Überwindung
Mit ihm in ganz intime Verbindung.
Als abends die beiden Schnallengezierten
In einer feudalen Gesellschaft soupierten,
Erhoben sich plötzlich zwei andere Schuhe
Und knarrten verlegen und baten um Ruhe
Und sagten, als alles ruhig war:
»Verehrte, es – riecht hier so sonderbar.«

———•———

Ein Nagel

Ein Nagel saß in einem Stück Holz.
Der war auf seine Gattin sehr stolz.
Die trug eine goldene Haube
Und war eine Messingschraube.
Sie war etwas locker und etwas verschraubt,
Sowohl in der Liebe, als auch überhaupt.
Sie liebte ein Häkchen und traf sich mit ihm
In einem Astloch. Sie wurden intim.
Kurz, eines Tages entfernten sie sich
Und ließen den armen Nagel im Stich.
Der arme Nagel bog sich vor Schmerz.
Noch niemals hatte sein eisernes Herz
So bittere Leiden gekostet.
Bald war er beinah verrostet.
Da aber kehrte sein früheres Glück,
Die alte Schraube, wieder zurück.
Sie glänzte übers ganze Gesicht.
Ja, alte Liebe, die rostet nicht!

Der Spiegel

Der Spiegel, der Kamm
Und der Schwamm
Und das weiße Handtuch an der Wand
Und ein Mann, der hinter dem Kleiderschrank stand,
Die warteten auf das schöne Mädchen
Käthchen.
Und endlich, endlich kam Käthchen gegangen.
Da küsste der Schwamm ihr Mund und Wangen,
Und sie küsste den Schwamm und beugte sich nieder
Und küsste das Handtuch und küsste es wieder.
Sie ließ sich von dem Spiegel umschmeicheln
Und von dem Kamme ihr Goldhaar streicheln.
Dann sagte sie allen recht schönen Dank.
Dann sah sie den Mann hinterm Kleiderschrank
Und rannte davon und schrie dabei:
»Zu Hilfe! Mörder!« und »Polizei!« – –
– – – – – – – – – – – – – – – – – – – –

Der Mensch glaubt über den Dingen zu stehen.
Hier war das Gegenteil deutlich zu sehen.

Es war eine gelbe Zitrone

Es war eine gelbe Zitrone,
Die lag unter einer Kanone,
Und deshalb bildete sie sich ein,
Eine Kanonenkugel zu sein.
Der Kanonier im ersten Glied,
Der merkte aber den Unterschied.
– – – – – – – – – – – – – – – –
Bemerkt sei noch zu diesem Lied,
Ein Unterschied ist kein Oberschied.

Ein kühnes Rosshaar

Ein kühnes Rosshaar erklärte den Andern:
Es müsse aus der Matratze wandern.
Es poche auf seine Großjährigkeit,
Und es liege in seiner Rosshärigkeit
Der Trieb zum Wandern. Da rief es: »Adieu!«
Und damit schnellte es sich in die Höh'.
Ein Mensch saß auf besagter Matratze.
Das Rosshaar hüpfte auf seine Glatze,
Und weil es sehr gut gedieh an dem Orte,
So wuchsen dort bald noch mehr von der Sorte.

Miliz

»Sie haben sich gestern schrecklich betragen!«
Wollte das Putzleder zur Trommel sagen.
Aber die Trommel spannte schnell
Ihr dickes Fell
Und begann einen donnernden Wirbel zu schlagen,
Na – und da blieb dem Putzleder vor Schrecken
Das Wort im Munde stecken.

———

Es war ein Stahlknopf irgendwo

Es war ein Stahlknopf irgendwo,
Der ohne Grund sein Knopfloch floh.
(Vulgär gesprochen: Es stand offen.)
Ihm saß ein Fräulein vis-à-vis.
Das lachte plötzlich: Hi hi hi.
Da fühlte sich der Knopf getroffen
Und drehte stumm
Sich um.

Solch' Peinlichkeiten sind halt nur
Die schlimmen Folgen der Kultur.

———

ALS ICH NOCH EIN
SEEPFERDCHEN WAR

Seepferdchen

Als ich noch ein Seepferdchen war,
Im vorigen Leben,
Wie war das wonnig, wunderbar,
Unter Wasser zu schweben.
In den träumenden Fluten
Wogte, wie Güte, das Haar
Der zierlichsten aller Seestuten,
Die meine Geliebte war.
Wir senkten uns still oder stiegen,
Tanzten harmonisch umeinand,
Ohne Arm, ohne Bein, ohne Hand,
Wie Wolken sich in Wolken wiegen.
Sie spielte manchmal graziöses Entfliehn,
Auf dass ich ihr folge, sie hasche,
Und legte mir einmal im Ansichziehn
Eierchen in die Tasche.
Sie blickte traurig und stellte sich froh,
Schnappte nach einem Wasserfloh
Und ringelte sich
An einem Stängelchen fest und sprach so:
Ich liebe dich!
Du wieherst nicht, du äpfelst nicht,
Du trägst ein farbloses Panzerkleid
Und hast ein bekümmertes altes Gesicht,
Als wüsstest du um kommendes Leid.
Seestütchen! Schnörkelchen! Ringelnass!
Wann war wohl das?
Und wer bedauert wohl später meine restlichen Knochen?
Es ist beinahe so, dass ich weine –
Lollo hat das vertrocknete, kleine
Schmerzverkrümmte Seepferd zerbrochen.

55

Pinguine

Auch die Pinguine ratschen, tratschen,
Klatschen, patschen, watscheln, latschen,
Tuscheln, kuscheln, tauchen, fauchen
Herdenweise, grüppchenweise
Mit Gevattern,
Pladdern, schnattern
Laut und leise.
Schnabel-Babelbabel-Schnack,
Seriöses, Skandalöses, Hiebe, Stiche.

Oben: Chemisette mit Frack.
Unten: lange, enge, hinderliche
Röcke. – Edelleute, Bürger, Pack,
Alte Weiber, Professoren.
Riesenvolk, in Schnee und Eis geboren.
Sie begrüßen herdenweise

Ersten Menschen, der sich leise
Ihnen naht. Weil sie sehr neugierig sind.
Und der erstgesehene Mensch ist neu.

Und Erfahrungslosigkeit starrt wie ein kleinstes Kind
Gierig staunend aus, jedoch nicht scheu.

Riesenvolk, in Schnee und Eis geboren,
Lebend in verschwiegener Bucht
In noch menschenfernem Lande.
Arktis-Expedition. – Revolverschuss –:
Und das Riesenvolk, die ganze Bande
Ergreift die Flucht.

Ein ganzes Leben

»Weißt du noch«, so frug die Eintagsfliege
Abends, »wie ich auf der Stiege
Damals dir den Käsekrümel stahl?«

Mit der Abgeklärtheit eines Greises
Sprach der Fliegenmann: »Gewiss, ich weiß es!«
Und er lächelte: »Es war einmal —«

»Weißt du noch«, so fragte weiter sie,
»Wie ich damals unterm sechsten Knie
jene schwere Blutvergiftung hatte?« —
»Leider«, sagte halb verträumt der Gatte.

»Weißt du noch, wie ich, weil ich dir grollte,
Fliegenleim-Selbstmord verüben wollte?? —
Und wie ich das erste Ei gebar?? —
Weißt du noch, wie es halb sechs Uhr war?? —
Und wie ich in Milch gefallen bin??« —

Fliegenmann gab keine Antwort mehr,
Summte leise, müde vor sich hin:
»Lang, lang ist's her — — lang — —«

———

Meine Musca Domestica

Hoch soll sie leben!
Auch tief darf sie leben,
Meine Stubenfliege in der Winterzeit.
Alle Sauberkeit
Darf sie schwarz verkleben.

Was mag sie denken?
Was mag sie lenken,
Wenn sie scheinbar sinnlos auf dem Frühstückstisch
Zwischen Braten, Käse, Milch und Fisch
Immer unbehelligt flugwirr flieht,
Aber plötzlich einen Tischtuchfleck beehrt,
Wo kein Mensch etwas Besonderes sieht?

Ist ein Krümelchen wohl eines Totschlags wert!

Mag sie meinetwegen
Ihre Eier legen
Wann, wohin und wieviel ihr beliebt!

Immer noch studiere
Ich am kleinsten Tiere:
Weiche himmelhohen Rätsel es gibt.

—————

Heimatlose

Ich bin fast
Gestorben vor Schreck:
In dem Haus, wo ich zu Gast
War, im Versteck,
Bewegte sich,
Regte sich
Plötzlich hinter einem Brett
In einem Kasten neben dem Klosett,
Ohne Beinchen,
Stumm, fremd und nett
Ein Meerschweinchen.
Sah mich bang an,
Sah mich lange an,
Sann wohl hin und sann wohl her,
wagte sich
Dann heran
Und fragte mich:
»Wo ist das Meer?«

———•———

Blindschl

Ich hatte einmal eine Liebschaft mit
Einer Blindschleiche angefangen;
Wir sind ein Stück Leben zusammen gegangen
Im ungleichen Schritt und Tritt.

Die Sache war ziemlich sentimental.
In einem feudalen Thüringer Tal
Fand ich – nein glaubte zu finden – einmal
Den ledernen Handgriff einer
Damenhandtasche. Es war aber keiner.

Ich nannte sie »Blindschl«. Sie nannte mich
Nach wenigen Tagen schon »Eicherich«
Und dann, denn sie war sehr gelehrig,
Verständlicher abgekürzt, »Erich«.

Allmittags haben gemeinsam wir
Am gleichen Tische gegessen,
Sie Regenwürmer mit zwei Tropfen Bier,
Ich totere Delikatessen.

Sie opferte mir ihren zierlichen Schwanz.
Ich lehrte sie überwinden
Und Knoten schlagen und Spitzentanz,
Schluckdegen und Selbstbinder binden.

Sie war so appetitlich und nett,
Sie schlief Nacht über in in meinem Bett
Als wie ein kühlender Schmuckreif am Hals,
Metallisch und doch so schon weichlich.
Und wen ihr wirklich was schlimmstenfalls
Passierte, so war es nie reichlich.

Blindschl

Kein Sexuelles und keine Dressur.
Ich war ihr ein Freund und ein Lehrer,
Was keiner von meinen Bekannten erfuhr;
Wer mich besuchte, der sah sie nur
Auf meinem Schreibtisch steif neben der Uhr
Als bronzenen Briefbeschwerer.

Und Jahre vergingen. Dann schlief ich einmal
Mit Blindschl und träumte im Betti
(Jetzt werde ich wieder sentimental)
Gerade, ich äße Spaghetti.

Da kam es, dass irgendwas aus mir pfiff.
Mag sein, dass es fürchterlich krachte.
Fest steht, dass Blindschl erwachte
Und – sie, die sonst niemals nachts muckte –
Wild züngelte, dass ich nach ihr griff
Und sie, noch träumend, verschluckte.

Es gleich zu sagen: Sie ging nicht tot.
Sie ist mir wieder entwichen,
Ist in die Wälder geschlichen
Und sucht dort einsam ihr tägliches Brot.

Vorbei! Es wäre – ich bin doch nicht blind –
Vergebens, ihr nachzuschleichen.
Weil ihre Wege zu dunkel sind.
Weil wir einander nicht gleichen.

———

Meditation

Wolleball hieß ein kleiner Hund,
Über den ein jeder lachte,
Weil er keine Beine hatte und
so viel süße Schweinereien machte.

Warum ist man überall geniert?
Warum darf man nicht die Wahrheit sagen?
Warum reden Menschen so geziert,
Wenn sie ein Bein übers andre schlagen?

Um dies überschätzte homo sum
Werd ich täglich wirrer und bezechter.
Ach, die Schlechtigkeit ist gar zu dumm,
Doch die Dummheit ist noch zehnmal schlechter.

Hat der Wolleball von seinem Herrn
Nichts gewusst, nur Launen mitempfunden,
Hatte der ihn andrerseits sehr gern
Und verstand im Grunde nichts von Hunden.

Er ist tot, auf den ich solches dichte.
Mir ist Wurscht, wo sein Gebein jetzt ruht.
Aber die Pointe der Geschichte
Muss ich sagen: er war herzensgut.

Und sein Wolleball war gut. Er grollte
Nie. Ein einzig Mal nur biss
Er nach mir, als ich verhindern wollte,
Dass er wieder in die Hausschuh schiss.

Im See

Der Hering erzählt zur nächtlichen Zeit
Dem Walfisch die letzte Neuigkeit:

Frau Aal hat neulich den Hummer geneckt,
Indem sie ihn aus dem Schlummer geweckt.

Da gab es einen großen Disput.
Der Hummer fauchte und kochte vor Wut
Und weil er kochte, so wurde er rot
Und als er rot war, da war er tot.

»Ja«, seufzte der Walfisch und weinte gar sehr,
»Ja, rote Hummer, die leben nicht mehr.«

———

TURNGEDICHTE.
EINE AUSWAHL

Zum Aufstellen der Geräte

Ein Muster

So unterwegs in einem schönen Hechtsprung
Erblickte er das Licht der Welt, das Leben,
Und hat – obwohl er damals doch noch recht jung –
Sich doch sofort in Hilfsstellung begeben.
Den Kniesturz übend und manch andre Tugend,
Verging ihm eine turnerische Jugend
Im Wachen teils und teils im Traum
Und Freitag nachmittags am Schwebebaum.

Vorturner wurde er und Löwenbändiger,
Seemann und Schornsteinfeger, Akrobat
Und schließlich turnerischer Sachverständiger
Im transsibirischen Artistenrat.
Er las die Morgenzeitung stets im Handstand,
Vom Hang der Freiheit sprach sein roter Schlips.
Er glich – wie er im Turnsaal an der Wand stand –
Dem altbekannten Herkules aus Gips.

Inhaber aller silbernen Pokale,
Erwarb er sich den Franziskanerpreis
Und im August in Halle an der Saale
Die Jahnkokarde mit dem Lorbeerreis.
Ein zarter Kern in einer rauen Schale.

Er hat sich mit einem Salto mortale
Aus dem Leben
Über ein Felsengeländer
Hinwegbegeben.

Freiübungen

Grundstellung

Wenn eine Frau in uns Begierden weckt
Und diese Frau hat schon ihr Herz vergeben,
Dann (Arme vorwärts streckt!),
Dann ist es ratsam, dass man sich versteckt.
Denn später (langsam auf den Fersen heben!),
Denn später wird uns ein Gefühl umschweben,
Das von Familiensinn und guten Eltern zeugt.
(Arme beugt!)
Denn was die Frau an einem Manne reizt
(Hüften fest – Beine spreizt! – Grundstellung),
Ist Ehrbarkeit. Nur die hat wahren Wert,
Auch auf die Dauer (ganze Abteilung kehrt!).
Das ist von beiden Teilen der begehrtste,
Von dem man sagt: (Rumpfbeuge) Das ist der
allerwertste.

Klimmzug

Das ist ein Symbol für das Leben.
Immer aufwärts, himmelan streben!
Feste zieh! Nicht nachgeben!
Stelle dir vor: Dort oben winken
Schnäpse und Schinken.
Trachte sie zu erreichen, die Schnäpse.
Spanne die Muskeln, die Bizepse.
Achte ver die Beschwerden.
Nicht einschlafen. Nicht müde werden!
Du musst in Gedanken wähnen:
Du hörtest unter dir einen Schlund gähnen.
In dem Schlund sind Igel und Wölfe versammelt.
Die freuen sich auf den Menschen, der oben bammelt.

Zu! Zu! Tu nicht überlegen.
Immer weiter, herrlichen Zielen entgegen.
Sollte dich ein Floh am Po kneifen,
Nicht mit beiden Händen zugleich danach greifen.
Nicht so ruckweis hin und her schlenkern;
Das passt nicht für ein Volk von Turnern und Denkern.
Klimme wacker,
Alter Knacker!
Klimme, klimb
Zum Olymp!
Höher hinauf!
Glückauf!
Kragen total durchweicht.
Äh – äh – äh – endlich erreicht.
Das Unbeschreibliche zieht uns hinan.
Der ewigweibliche Turnvater Jahn.

Wettlauf

Publikum ungeduldig scharrt –
Scharren lassen – hier Start –
Taschentuch? Keins –
Schweiß –
Heiß –
Zum Beweis
Des Nichtaufgeregtseins:
Billet Spucke kneten.
Achtung: Eins!
Nicht mehr Zeit auszutreten –
Was? Rauchen verbeten? –
Sie da, der dritte, weiter zurücktreten –
Soo! – Endlich Musik –
Der bekannte
Augenblick,
Wo –
Wenn der Trikot
Nur nicht so spannte –
Schweinerei –
Wäre fatal –
Achtung: Zwei!
Teufel noch mal!
Heiliger Joseph, steh mir bei!
Achtung: Drei!
Tapelti, tapelti, tapelti
Mut!
Gut!
Kopf senken!
Arme vom Leib!
Frieda denken!
Herrliches Weib!
Schade, dass Mund stinkt!

Das war sie! – Lacht – winkt –
Oh, oh! Oh, oh!
Mein Trikot!
Vorne gespalten.
Taschentuch vorhalten –
Jetzt Quark!
Nur laufen!
10 000 Mark –
Wochenlang saufen –
Wenn's glückt –
Schulden bezahlen –
Tante verrückt –
Meyers prahlen –
Sieger gratuliert –
Fotografiert –
Händedruck –
Tun als ob schnuppe –
Wändeschmuck –
Lorbeersuppe –
Zeitungsreklame –
Filmaufnahme –
Frieda seidenes Kleid –
Otto platzt Neid –
Engelmann – Wut –
Anton – Pump –
Aushalten! Mut!
Weg da! Lump! –
Einer von beiden –
Weg abschneiden –
Puff!
Was bild't sich –
Uff!
Gilt nich!
Feste druff!
Gar nicht kümmern!

Schädel zertrümmern!
Zuchthaus –
Flucht – Haus –
Schande –
Tante –
Sterben –
Beerben –
Unsinn! Was Quatsch! Quatsch!
Teufel noch mal!
Laternenpfahl.
Mehr links, ach! Ach!
Stopp! Frieda! Halt! Krach!
Kladderadatsch!
Knätsch daun! Au! Aus!
Ohhhhh! – Publikum Applaus.

Zum Wegräumen der Geräte

Veterinär, gleichzeitig Veteran,
Ein Mann, der 92 Jahre zählte,
Dass man zuletzt ihn aus Gewohnheit wählte,
Und trotzdem biegsam, schmiegsam wie ein Schwan.
Das war – trotz eines halbgelähmten Beines –
Der Ehrenvorstand unsres Turnvereines.
Und wirklich nahm er's noch im Dauerlauf
Und Schleuderball mit jedem Rennpferd auf.

Wettläufer sah ich – nun Gott weiß wieviel,
Doch ihrer keiner hielt wohl mit der gleichen
Bescheidenheit gelassen vor dem Ziel.
Denn niemand konnte ihm das Wasser reichen.

Dann griff er abseits zum Pokal. Und Hei!
Wie Donner klang sein Frisch-Fromm-Fröhlich-Frei.

Wie sich sein Vollbart, den er gern sich wischte,
Nach einem 80-cm-Sprung
Mit Kokosfasern einer Matte mischte,
Das bleibt mir ewig in Erinnerung.
Im Springen konnte überhaupt dem Alten
Zuletzt wohl keiner mehr die Stange halten.

Einmal, nach dem Genuss von sehr viel Weißwein,
Verstauchte er beim Spaltsitz auf dem Reck
Ganz unvermutet plötzlich sich das Steißbein.
Er aber wich und wankte nicht vom Fleck.
Im Gegenteil, er brach, um uns zu necken,
Sich noch den Sitzknorren der Sitzbeine am Becken.

Er turnte gern der Jugend etwas vor
Und mühte sich vor Buben oder Mädeln,
Die Beine in die Ringe einzufädeln,
Wobei er niemals die Geduld verlor.
Dann staunte ehrfurchtsvoll solch junges Ding,
Wenn er wie Christbaumschmuck im Nesthang hing.

Denn was ein Nesthängchen werden will, krümmt
    sich beizeiten.

Kniehang

Ich wollte, ich wär eine Fledermaus,
Eine ganz verluschte, verlauste,
Dann hing ich mich früh in ein Warenhaus
Und flederte nachts und mauste,
Dass es Herrn Silberstein grauste.
Denn Meterflaus, Fliedermus, Fledermaus –
(Es geht nicht mehr; mein Verstand läuft aus.)

———◆———

Kniebeuge

Kniee – beugt!
Wir Menschen sind Narren.
Sterbliche Eltern haben uns einst gezeugt.
Sterbliche Wesen werden uns später verscharren.
Schäbige Götter, wer seid ihr? und wo?
Warum lasset ihr uns nicht länger so
Menschlich verharren?
Was ist denn Leben?
Ein ewiges Zusichnehmen und Vonsichgeben. –
Schmach euch, ihr Götter, dass ihr so schlecht uns versorgt,
Dass ihr uns Geist und Würde und schöne Gestalt nur borgt.
Eure Schöpfung ist Plunder,
Das Werk sodomitischer Nachtung.
Ich blicke mit tiefster Verachtung
Auf euch hinunter.
Und redet mir nicht länger von Gnade und Milde!
Hier sitze ich; forme Menschen nach meinem Bilde.
Wehe euch, Göttern, wenn ihr uns drüben erweckt!
Beine streckt!

Zum Bockspringen

(Nach einer Fabel Ae-sops)

Wie war die Geschichte mit Bobs Wauwau?
Ich erinnere mich nicht ganz genau,
Ob dieser Hund Bobs
    – Eins, zwei, drei – hops! –

Ob dieser Hund ein Rebhuhn gebar?
Auf welcher Seite er schwanger war,
Und inwiefern und ob's
    – Eins, zwei, drei – hops! –

Ein Dackel war, der das Rebhuhn erzeugte,
Und ob er das arme Geflügel dann säugte. –
Ich glaube, der Dackel war ein Mops. –
    – Eins, zwei, drei – hops! –

Jedenfalls fraß er zu jedermanns Ärger
Nur Wickelgamaschen und Königsberger,
Auch Danziger Klops.
    – Eins, zwei, drei – hops!

Ein seltsamer Mops war Bobs Wauwau.
    – Eins, zwei, drei – hops! au! au!

———

Sorge dividiert durch 2 hoch x

Grübeln und grübeln nun stundenlang –
Bing – Bumpf – Bang – –
Korks jetzt! Lona, und prost! Kling! Klang!
Ein Schurke ist gar kein Feind.
Hoch steht überm zeitlichen Raffinement
Die ewige Regel:
Dass immer mal wieder die Sonne scheint.
Liebstes, armes, verquollenes Kind,
So wie wir beide im Augenblick so sind,
Scheint uns die Sonne noch immer recht anständig lind.
Ihn macht sie frösteln oder sie kocht ihn jetzt heiß.
Bleiben wir aber so!
Sein wir nie schadenfroh!
Ist auch die Sache sehr unangenehm –
Jedes w soll schwinden im Schweiß,
Oder – nein, vor allem und außerdem – –
Na du weißt – – Und ich weiß – –

Der Zahnfleischkranke

Was geht mich der Frühling, was geht mich dein dummes Gesicht,
Dein Leben an. Aber nur weine nicht.
Geh, Mädchen! Geh! Geh!
Mir tun meine Zähne,
Deine Knietschträne tut noch mehr weh.

Eine entzündete Wurzelhaut
Kennt keine Braut,
Noch Kunst noch Konstabler.

Wer mir jetzt eins in die Fresse haut,
Oder ein Kinnladenschuss
Wären immerhin diskutabler.
Sterben jetzt, wäre Genuss.

Siehst du den gelben Schaum?
Das Fleisch ist ganz weich.

Selbst wenn ich schliefe,
Blähen versäumte Präservative
Sich Luftschiffen gleich
In meinen Traum.

Stochern muss ich; gib eine Gabel!
Was sagst du? Halt deine – Schnabel!!

———

Von einem, dem alles danebenging

Ich war aus dem Kriege entlassen,
Da ging ich einst weinend bei Nacht,
Weinend durch die Gassen.
Denn ich hatte in die Hosen gemacht.

Und ich habe nur die eine
Und niemanden, wo sie reine
Macht oder mich verlacht.

Und ich war mit meiner Wirtin der Quer.
Und ich irrte die ganze Nacht umher,
Innerlich alles voll Sorgen.
Und sie hätten vielleicht mich am Morgen
Als Leiche herausgefischt.
Aber weil doch der Morgen
Alles Leid trocknet und alle Tränen verwischt –

———

Kuttel Daddeldu oder das schlüpfrige Leid. Eine Auswahl

Vom Seemann Kuttel Daddeldu

Eine Bark lief ein in Le Haver,
Von Sidnee kommend, nachts elf Uhr drei.
Es roch nach Himbeeressig am Kai
Und nach Hundekadaver.

Kuttel Daddeldu ging an Land.
Die Rü Albani war ihm bekannt.
Er kannte nahezu alle Hafenplätze.

Weil vor dem ersten Haus ein Mädchen stand,
Holte er sich im ersten Haus von dem Mädchen die Krätze.

Weil er das aber natürlich nicht gleich empfand,
Ging er weiter – kreuzte topplastig auf wilder Fahrt.
Achtzehn Monate Heuer hatte er sich zusammengespart.

In Nr. 6 traktierte er Eitvie und Kätchen,
In 8 besoff ihn ein neues, straff lederbusiges Weib.
Nebenan bei Pierre sind allein sieben gediegene Mädchen
Ohne die mit dem Zelluloid-Unterleib.

Daddeldu. the old Seelerbeu Kuttel,
Verschenkte den Albatrosknochen.
Das Haifischrückgrat, die Schals,
Den Elefanten und die Saragossabuttel.
Das hatte er eigentlich alles der Mary versprochen,
Der anderen Mary; das war seine feste Braut.

Daddeldu – hallo! Daddeldu,
Daddeldu wurde fröhlich und laut.

Er wollte mit höchster Verzerrung seines Gesichts
Partu einen Niggersong singen
Und »Blu beus blu«.
Aber es entrang sich ihm nichts.

Daddeldu war nicht auf die Wache zu bringen.
Daddeldu Duddel Kuttelmuttel, Katteldu
Erwachte erstaunt und singend morgens um vier
Zwischen Nasenbluten und Pomm de Schwall auf der Pier.

Daddeldu bedrohte zwecks Vorschuss den Steuermann.
Schwitzte den Spiritus aus. Und wusch sich dann.

Daddeldu ging nachmittags wieder an Land,
Wo er ein Renntiergeweih, eine Schlangenhaut,
Zwei Fächerpalmen und Eskimoschuhe erstand.
Das brachte er aus Australien seiner Braut.

Kuttel Daddeldu und Fürst Wittgenstein

Daddeldu malte im Hafen mit Teer
Und Mennig den Gaffelschoner Claire.
Ein feiner Herr kam daher,
Blieb vor Daddeldu stehn
Und sagte: »Hier sind fünfzig Pfennig,
Lieber Mann, darf man wohl mal das Schiff besehn?«
Daddeldu stippte den Quast in den Mennig,
Dass es spritzte, und sagte: »Fünfzig Pfennig ist wenig.
Aber, God demm, jedermann ist kein König.«
Und der Fremde sagte verbindlich lächelnd: »Nein,
Ich bin nur Fürst Wittgenstein.«
Daddeldu erwiderte: »Fürst oder Lord –
Scheiß Paris! Komm nur an Bord.«

Wittgenstein stieg, den Teerpott in seiner zitternden Hand,
Hinter Kutteln das Fallreep empor und kriegte viel Sand
In die Augen, denn ein schwerer Stiefel von Kut-
Tel Daddeldu stieß ihm die Brillengläser kaputt
Und führte ihn oben von achtern nach vorn
Und von Luv nach Lee.
Und aus dem Mastkorb fiel dann das Brillengestell aus Horn,
Und im Kettenkasten zerschlitzt der Cutaway.
Langsam wurde der Fürst heimlich ganz still.
Daddeldu erklärte das Ankerspill.
Plötzlich wurde Fürst Wittgenstein unbemerkt blass.
Irgendwas war ihm zerquetscht und irgendwas nass.
Darum sagte er mit verbindlichem Gruß:
»Vielen Dank, aber ich muss – – –«

Daddeldu spuckte ihm auf die zerquetschte Hand
Und sagte: »Weet a Moment, ich bringe dich noch an Land.«
Als der Fürst unterwegs am Ponte San Stefano schmollte,

Weil Kuttel durchaus noch in eine Osteria einkehren wollte,
Sagte dieser: »Oder schämst du dich etwa vielleicht?«
Da wurde Fürst Wittgenstein wieder erweicht.
Als sie dann zwischen ehrlichen Sailorn und
    Dampferhalunken
Vier Flaschen Portwein aus einem gemeinsamen Becher
    getrunken,
Rief Kuttel Daddeldu plötzlich mit furchtbarer Kraft:
»Komm, alter Fürst, jetzt trinken wir Brüderschaft.«
Und als der Fürst nur stumm auf sein Chemisette sah,
Fragte Kuttel: »Oder schämst du dich etwa?«
Wittgenstein winkte ab und der Kellnerin.
Die schob ihm die Rechnung hin.
Und während der Fürst die Zahlen mit Bleistiftstrichen
Anhakte, hatte Kuttel die Rechnung beglichen.

Der Chauffeur am Steuer knirschte erbittert.
Daddeldu hatte schon vieles im Wagen zersplittert,
Während er dumme Kommandos in die Straßen und Gassen
Brüllte, »Hart backbord!« – »Alle Mann an die Brassen!«
Rasch aussteigend, fragte Fürst Wittgenstein:
»Bitte, wo darf ich Sie hinfahren lassen?«
Aber Daddeldu sagte nur: »Nein!«
Darauf erwiderte jener bedeutend nervös:
»Lieber Herr Seemann, seien Sie mir nicht bös;
Ich würde Sie bitten, zu mir heraufzukommen,
Aber leider – –« Daddeldu sagte: »Angenommen!«

Auf der Treppe bat dann Fürst Wittgenstein
Den Seemann inständig:
Um Gottes willen doch ja recht leise zu sein;
Und während er später eigenhändig
Kaffee braute – und goss in eine der Tassen viel Wasser
    [hinein –,
Prüfte Kuttel nebenan ganz allein,

Verblüfft, mit seinen hornigen Händen
Das Material von ganz fremden Gegenständen.
Bis ihm zu seinem Schrecken der fünfte
Zerbrach. – Da rollte er sich in den großen Teppich hinein.
Dann kam mit hastigen Schritten
Der Kaffee. Und Fürst Wittgenstein
Sagte, indem er die Stirne rümpfte:
»Nein, aber nun muss ich doch wirklich bitten – –
Das widerspricht selbst der simpelsten populären Politesse.«
Daddeldu lallte noch: »Halt die Fresse!«

Kuttel Daddeldu und die Kinder

Wie Daddeldu so durch die Welten schifft,
Geschieht es wohl, dass er hie und da
Eins oder das andre von seinen Kindern trifft,
Die begrüßen dann ihren Europapa:
»Gud morning! – Sdrastwuide! – Bong Jur, Daddeldü!
Bon tscherno! Ok phosphor! Tsching – tschung! Bablabü!«
Und Daddeldu dankt erstaunt und gerührt
Und senkt die Hand in die Hosentasche
Und schenkt ihnen, was er so bei sich führt,
– – Whiskyflasche,
Zündhölzer, Opium, türkischen Knaster,
Revolverpatronen und Schweinsbeulenpflaster,
Gibt jedem zwei Dollar und lächelt: »Ei, ei!«
Und nochmals: »Ei, ei!« – Und verschwindet dabei.

Aber Kindern von deutschen und dänischen Witwen
Pflegt er sich intensiver zu widmen.
Die weiß er dann mit den seltensten Stücken
Aus allen Ländern der Welt zu beglücken.
Elefantenzähne – Kamerun,
Mit Kognak begossnes malaiisches Huhn.
Aus Friedrichsroda ein Straußenei,
Aus Tibet einen Roman von Karl May,
Einen Eskimoschlips aus Giraffenhaar,
Auch ein Stückchen versteinertes Dromedar.

Und dann spielt der poltrige Daddeldu
Verstecken, Stierkampf und Blindekuh,
Markiert einen leprakranken Schimpansen,
Lehrt seine Kinderchen Bauchtanz tanzen
Und Schiffchen schnitzen und Tabak kauen.
Und manchmal, in Abwesenheit älterer Frauen,

Tätowiert er den strampelnden Kleinchen
Anker und Kreuz auf Ärmchen und Beinchen.
Später packt er sich sechs auf den Schoss
Und lässt sich nicht lange quälen,
Sondern legt los:
Grog saufen und dabei Märchen erzählen:
Von seinem Schiffbruch bei Helgoland,
Wo eine Woge ihn an den Strand
Auf eine Korallenspitze trieb,
Wo er dann händeringend hängen blieb.
Und hatte nichts zu fressen und zu saufen;
Nicht mal, wenn er gewollt hätte, einen Tropfen
Trinkwasser, um seine Lippen zu benetzen.
Und kein Geld, keine Uhr zum Versetzen.
Außerdem war da gar nichts zu kaufen;
Denn dort gab's nur Löwen mit Schlangenleiber,
Sonst weder keine Menschen als auch keine Weiber.
Und er hätte gerade so gern einmal wieder
Ein kerniges Hamburger Weibstück besucht.
Und da kniete Kuttel nach Osten zu nieder.
Und als er zum dritten Mal rückwärts geflucht,
Da nahte sich plötzlich der Vogel Greif,
Und Daddeldu sagte: »Ei wont ä weif.«
Und der Vogel Greif trug ihn schnell
Bald in dies Bordell, bald in jenes Bordell
Und schenkte ihm Schlackwurst und Schnaps und so weiter. –
So erzählte Kuttel Daddeldu heiter –
Märchen, die er ganz selber erfunden.
Und säuft. – Es verfließen die Stunden.
Die Kinder weinen. Die Märchen lallen.
Die Mutter ist längst untern Tisch gefallen,
Und Kuttel – bemüht, sie aufzuheben –
Hat sich schon zweimal dabei übergeben.
Und um die Ruhe nicht länger zu stören,
Verlässt er leise Mutter und Gören.

Denkt aber noch tagelang hinter Sizilien
An die traulichen Stunden in seinen Familien.

Hafenkneipe

In der Kneipe »Zum Südwester«
Sitzt der Bruder mit der Schwester
Hand in Hand.

Zwar der Bruder ist kein Bruder,
Doch die Schwester ist ein Luder,
Und das braune Mädchen stammt aus Feuerland.

In der Kneipe »Zum Südwester«
Ballt sich manchmal eine Hand,
Knallt ein Möbel an die Wand.

Doch in jener selben Schenke
Schäumt um einfache Getränke
Schwer erkämpftes Seemannsglück.
Die Matrosen kommen, gehen.
Alles lebt vom Wiedersehen.
Ein gegangener Gast sehnt sich zurück.

Durch die Fensterscheibe aber träumt ein Schatten
Derer, die dort einmal
Oder keinmal
Abenteuerliche Freude hatten.

Noctambulatio

Sie drückten sich schon beizeiten
Fort aus dem Tanzlokal
Und suchten zu beiden Seiten
Der Straße das Gast- und Logierhaus Continental.

So dringlich: Man hätte können glauben,
Er triebe sie vorwärts wie ein Rind.
Und doch handelten beide im besten Glauben.
Er wollte ihr nur die Unschuld rauben.
Sie wollte partout von ihm ein Kind.

Da geschah es, etwa am Halleschen Tor,
Dass Frieda über dem Knutschen und Schmusen
Aus ihrem hitzig gekitzelten Busen
Eine zertanzte, verdrückte Rose verlor.

Und ein sehr feiner Herr, dessen Eleganz
Nicht so rumtoben tut, folgte den beiden.
Jedoch hielt er sich vornehm bescheiden
Immer in einer gewissen Distanz.

Er wollte ursprünglich zum Bierhaus Siechen.
Aber nun hemmte er seinen Lauf,
Zog die Handschuh aus, hob die Rose auf
Und begann langsam daran zu riechen.

Er wünschte aber keinen Augenblicksgenuss;
Deshalb stieg er mit der Rose in den Omnibus.
Derweilen war Frieda mit ihrem Soldaten
Auf einen Kinderspielplatz geraten.
Dort merkten sie nicht, wie die Nacht verstrich

Und dass ein unruhiger Mann mit einem Spaten
Sie dauernd beschlich.

Als sich nach längerem Aufenthalt
Das Paar in der Richtung zur Gasanstalt
Mit kurzen, trippelnden Schritten verlor,
Sprang der unruhige Mann plötzlich hervor.
Und fing an, eine Stelle, wo er im Sand
Die Spur von Friedas Stiefelchen fand,
Mit seinem Spaten herauszuheben.
Worauf er behutsam mit zitternder Hand
Die feuchte Form in ein Sacktuch band,
Um sich dann leichenblass heimzubegeben.

Wie um das dümmste Mädchen
Sich sonderbare Fädchen
Nachts durch die Straßen ziehn –
Die Dichter und die Maler
Und auch die Kriminaler,
Die kennen ihr Berlin.

Chansonette

War ein echter Prinz und hat Warzen im Bett.
Und kniete vor jeder Schleife.
Vaters Leiche lag auf dem Bügelbrett
Und roch nach Genever und Seife.

Wenn der Pfaffe unter meine Röcke schielt,
Sagt die Alte, werd' ich Geld bekommen.
Meinem Bruder, der so schön die Flöte spielt,
Haben sie die Nieren rausgenommen.

Glaubst du noch an Gott? und spielst du Lotterie?
Meine Schwester kommt im Juli nieder.
Doch der Kerl ist ein gemeines Vieh.
Schenk mir zwanzig Mark; du kriegst sie wieder.

Außerdem: ich brauche ein Korsett,
Und ein Nadelchen mit blauen Steinen.
In ein Kloster möcht ich. Oder bei's Ballett.
Manchmal muss ich ganz von selber weinen.

———

Wenn ich allein bin

Wenn ich allein bin, werden meine Ohren lang,
Meine, meine Pulse horchen bang
Auf queres Kreischen, sterbenden Gesang
Und all die Stimmen scheeler Leere.

Wenn ich allein bin, leck ich meine Träne.

Wenn ich allein bin, bohrt sich meine Schere,
Die Nagelschere in die Zähne;
Sielt höhnisch träge sich herum die Zeit. –
Der Tropfen hängt. – Der Zeiger steht. –

Einmal des Monats steigt ein Postpaket
Aufrührerisch in meine Einsamkeit.
So sendet aus Meran die Tante Liese
Mir tausend fromme, aufmerksame Grüße;
Ein jeden einzeln sauber einpapiert,
Mit Schleifchen und mit Fichtengrün garniert,
Vierblätterklee und anderm Blumenschmuck –

Ich aber rupfe das Gemüse
Heraus mit einem scharfen Ruck,
Zerknülle flüchtig überfühlend
Den Alles-Gute-Wünsche-Brief
Und fische giftig tauchend, wühlend,
Aus all den Knittern und Rosetten
Das einzige, was positiv:
Zwei Mark für Zigaretten.

Die Bilder meiner Stube hängen schief.
In meiner Stube dünsten kalte Betten.

Und meine Hoffart kuscht sich. Wie ein Falter
Sich ängstlich einzwängt in die Borkenrinde.

Wenn ich allein bin, dreht mein Federhalter
Schwarzbraunen Honig aus dem Ohrgewinde.

Bin ich allein: Starb, wie ein Hund verreckt,
Hat mich ein fremdes Weib mit ihren Schleiern
Aus Mitleid oder Ekel zugedeckt.
Doch durch die Maschen seh ich Feste feiern,
Die mich vergaßen über junger Lust. –

Ich reiße auseinander meine Brust
Und lasse steigen all die Vögel, die
Ich eingekerkert, grausam dort gefangen,
Ein Leben lang gefangen hielt, und nie
Besaß. Und die mir niemals sangen.
Wenn ich allein bin, pups' ich lauten Wind.
Und bete laut. Und bin ein uralt Kind.
Wenn ich –

———•———

Avant-Propos

Ich kann meinen Bauch doch nennen, wie ich will
Und orthografisch nach Belieben schreiben!
Wer mich nicht lesen mag, der lass es bleiben.
Ich darf den Sau, den Klops, das Krokodil
Und jeden anderen Gegenstand bedichten,
Darf ich doch ungestört daheim
Auch mein Bedürfnis, wie mir's passt, verrichten.
Was könnt mich zu Geist und reinem Reim,
Was zu Geschmack und zu Humor verpflichten? –
Bescheidenheit? – caheiatio – oho!
Und wer mich hasst, – – sie mögen mich nur hassen!
Ich darf mich gründlich an den Hintern fassen
Sowie an den avant-propos.

FLUGZEUGGEDANKEN

Wie machen wir uns gegenseitig das Leben leichter?

Wir haben zu großen Respekt vor dem,
Was menschlich über uns himmelt.
Wir sind zu feig oder sind zu bequem,
Zu schauen, was unter uns wimmelt.

Wir trauen zu wenig dem Nebenuns.
Wir träumen zu wenig im Wachen.
Und könnten so leicht das Leben uns
Einander leichter machen.

Wir dürften viel egoistischer sein
Aus tierisch frommem Gemüte. –
In dem pompösesten Leichenstein
Liegt soviel dauernde Güte.

Ich habe nicht die geringste Lust,
Dies Thema weiter zu breiten.
Wir tragen alle in unsrer Brust
Lösung und Schwierigkeiten.

———

An Alfred Schloßhauer

Lieber Alfred Schloßhauer,
Du wusstest nie, was in mir um Dich warb.
Ich sah Dich einst in tiefster stiller Trauer
Um einen Freund, der Dir entstarb.

Was rau und stacheldrähtig uns verband,
Verlegner Witz und scheuer Stichelscherz,
Ich sah Lücken darin, doch hinter Lücken Herz.
Und hinterm Herzen weites offnes Land.

Weil du mir so im Innersten gefällst,
Bitte ich Dich – doch prüfe dieses kühl –:
Bewahre mir ein Stück von dem Gefühl,
Was jenem Freund du schenktest und behältst.

—•—

Museumsschweigen

Wie's Gedanken gibt,
Die durch Stein und Welten gehn,
Kann's geschehn,
Dass die Fliege den Ichthyosaurus liebt.

Still ist's im Museumssaal.

»Lieber Freund, ich liege
Fest in Bernstein«, sagt die Fliege,
»Bernstein ist ein Mineral.
Und ich liebe dich, du Riesenexemplar,
Und ich möchte deinetwegen
Nur noch einmal Eier legen.«

»Bernstein?
Kann gern sein«,
Sagt das Ichthyosau,
»Aber ich bin auch eine Frau,
Eine sehr entschlossene sogar.
Weil ich noch in dem Momente,
Als gewisse Elemente
Mich erstickten, noch ein Kind halb gebar.«

»Eier oder lebendig – –«,
Sagt die Fliege, »wir wohnen
Beide auf der Welt seit Millionen
Jahren. – Wissen Sie die Zahl noch auswendig?«
»Nicht so ganz genau«,
Sagt Frau Ichthyosau,
»Aber wollen wir doch nicht sentimental
Flöten oder winseln.

Nein, versuchen wir jetzt wieder einmal,
Ganz verliebt einander anzublinzeln.«

Da betrat den Museumssaal
Der pensionsberechtigte Museumswärter.
Und da blinzelten die beiden nicht.
Denn solch Wärter
Tut eben seine Pflicht
Und schürft nicht tiefer.
Denn Beamtenpflicht ist härter
Als Bernstein und Schiefer.

———

Zwischen Lipp und Kelchesrand

Ein weibliches Rekördchen
Hatte sich besoffen,
Musste mal aufs Örtchen.
Als es wieder rauskam,
War's schon übertroffen.

———

Trostworte an einen Luftkranken

Recht so! Speie, lieber Mitgast, speie!
Speie dreist und ungeniert und laut,
Dass sich einmal andersrum befreie,
Was für dich passé ist und verdaut.

Speie froh. Es wird dir polizeilich
Und moralisch jederzeit verziehn. –
Ja, ich gebe zu: Ich habe freilich
Da leicht reden, weil ich nie gespien.

Und der Himmel möge auch verhüten,
Dass es je geschieht. Ich stell mir bloß
Vor, wie unten deine Tüten
Landen in der Mutter Erde Schoss.

Andern Luft und Appetit verderben,
Kann ein schadenfröhlich freier Sport
Sein. Und niemand wird deswegen sterben.
Denn der Magen ist wie ein Abort.

———•———

Gespräch mit einem Blasierten

Nun, wie war Ihr Flug?
Fragte ich irgendwen.
Er meinte: »Langweilig genug – –
Immer bloß Landkarten sehn – –
Außerdem zog es.«
Angst?
»Mir gangst!«
Haben Sie gekeks' …?
»Keineswegs«,
Lachte er oder log es.

Wie war das Wetter? – »Bewegt.«
Hat Sie der Start aufgeregt?
»Gar nicht. Ich schlief.«
Flogen Sie hoch? – »Nein, tief.«

Wie war das Personal?
»Wahrscheinlich ganz bieder.«
Flogen Sie zum ersten Mal?
»Ja, und nie wieder.«

War denn die Landung vergnügt?
»Nein, alles hundsmiserabel.«
Danke, sagte ich, genügt!
Halten Sie jetzt Ihren Schnabel.

Abgesehen von der Profitlüge

Die kurzen Beine der Lüge sind
Auch nur etwas Relatives.
Ein Segler kreuzend gegen Wind
Ist immer etwas Schiefes.

Ob sie aus Anstand, aus Mitleid gibt,
Sich hinter der Kunst will schützen,
Wenn sie nicht innerst sich selber liebt,
Wird Lüge niemandem nützen.

Es gibt eine Lüge, politisch und kühn,
Und die ist auch noch zu rügen.
Ich meine: Wir sollten uns alle bemühn,
Möglichst wenig zu lügen.

———

Kurz vor der Weiterreise

Kurz vor der Weiterreise

In Eile – in vierzig Minuten
Geht mein Zug. Denke dir nur:
Die gelbe Tasche mit Frack und den guten
Hosen, vier Hemden und Onkel Karls Uhr,
Die Metamorphosen des Tacitus,
Zwei Unterwäschen, fast sämtliche Kragen,
Sogar das Glas mit dem Bandwurm in Spiritus
Und vieles andere. – Schluss – herzlichen Gruß.

Ich muss dir ja noch die Hauptsache sagen:
Das alles haben sie mir gestohlen.
Ich habe hier Blut geschwitzt.
Der Teufel soll Berlin holen!
Denn auch mein neuer Hut ist vertauscht.
Pfenniger lässt dich grüßen. Er sitzt
Neben mir. Wir sind dir gut, aber ziemlich berauscht.

Bremen

Hier gelt ich nix, und würde gern was gelten,
Denn diese Stadt ist echt, und echt ist selten.
Reich ist die Stadt. Und schön ist ihre Haut.
Sag einer mir:
Welch Geist hat hier
Die Sankt Ansgarikirche aufgebaut?
Groß schien mir alles, was ich hier entdeckte.
Ein Riesenhummer lag in einem Laden.
Wie der die Arme eisern von sich reckte,
Als wollte er durchs Glas in Frauenwaden,
In Bremer Brüste plötzlich fassen
Und – wie wir's von den Skorpionen lesen –
Restweg im Koitus sein Leben lassen –
Wär er nicht längst schon rot und tot gewesen.
Als ich herauskam aus dem Keller, wo
Schon Heine saß, da sagte ich: »Oho!«
Denn auf mich sah Paul Wegener aus Stein,
Und er war groß und ich natürlich klein.
Brustwarzen hatte er an beiden Knien,
Vielleicht war's auch der Roland von Berlin.
Und als ich, wie um eine spanische Wand
Mich schlängelnd, eine seltsam leere,
Doch wohlgepflegte Villengasse fand
Und darin viel verlorene Ehre,
Stand dort ein Dacharbeiter.
Den fragt ich so ganz nebenbei:
Ob er wohl ein Senator sei?
Da ging er lächelnd weiter.

Cassel

Die Karpfen in der Wilhelmstraße 15

Man hat sie in den Laden
In ein intimes Bassin gesetzt.
Dort dürfen sie baden.
Äußerlich etwas ausgefranst, abgewetzt –
Scheinen sie inwendig
Doch recht lebendig.
Sie murmeln Formeln wie die Zauberer,
Als würde dadurch ihr Wasser sauberer.
Sie kauen Mayonnaise stumm im Rüssel
Und träumen sich gegen den Strich rasiert,
Sodann geläutert, getötet, erwärmt und garniert
Auf eine silberne Schüssel.
Sie enden in Kommerzienräten,
Senden die witzigste von ihren Gräten
In eine falsche Kehle.
Und ich denke mir ihre Seele
Wie eine Kellerassel,
Die Kniebeuge übt. –
Ja und sonst hat mich in Cassel
Nichts weiter erregt oder betrübt.

Mannheim

Schaff mir doch jemand den Schutzmann vom Hals!
Der Kerl schreitet ein.
Ich möchte doch gar nichts weiter, als
Nur laut schrein. Ganz laut schrein.
Der aber schreit: Nein,
Das dürfte nicht sein.

Was wär nun an meinem Geschrei
Schlimmes dabei?
Wenn ich doch heute so fröhlich bin.
Dafür haben die von der Polizei
Gar keinen Sinn.

Passt auf, ihr Leute, was ich nun
Tue. Ich werde nichts Böses tun.
Wenn ich jetzt laufe,
Läuft der besäbelte Mann
Wie wild hinterher.
Aber ich laufe schneller wie der.
Und werde schrein, was ich nur schreien kann.

Was wissen die Polizein
Vom redlichen Fröhlichsein.

Am Südpol darf jeder Seelöwe schrein
So laut, wie er will. –

Schon gut, ich bin ja schon still.

Frankfurt am Main

Januar 1924

Hier hab ich den Teufel gesehn.
Er ging durch die schnurrigen Gassen
Und hat etwas fahren lassen
Abends vor zehn.

Fand wieder Freunde lieb und wert.
Und haben manche mich entdeckt.
Ich weiß: der Apfelwein schmeckt
Gut, aber er zehrt.

Wie du mich wohl wiedersiehst?!
Ich habe vor steifen Leuten
Einen Pferdeappel gespießt.
Ob die sich innerlich freuten?

Mag es hier billig, teuer,
Interessant oder langweilig sein.
Mir ist dies Frankfurt am Main
So angenehm nicht recht geheuer.
Und mir gefällt's.

So nehme ich jede Fremde,
Als schliche ich nachts im Hemde
Durch Korridore eines Hotels.

Wien

Februar 1924

Ich werde wohl in wenig Wochen
Bischof und Bürgermeister sein von dieser Stadt.
Nach dem, was man mir allwo hier versprochen
Und mit viel Küssdiehands beteuert hat.

Und andrerseits: nach dem, was man gehalten
Und wie man mich empfehlend weiterwies
Und überhaupt – es drängt mich, einzuschalten:
Hier isst und trinkt – – So denk ich mir Paris.

Ich lebe noch, obwohl die Trambahnwagen
Links fahren und sich alles links
Ausweicht. Ich weiß dir mündlich allerdings
Auch vieles Gute über Wien zu sagen,
Für heute lass mich etwas neidisch klagen.

Denn Oper, Fasching, Tanz und Operette –
Ich merkte, zählte … und ich kroch ins Bette.
Und wie sich unsereins hier vor den Läden weidet!
Und wie, was weiblich oder feminin
Ist, hier sich elegant tut und bekleidet –!
Ja Wien bleibt Wien.

Ich seh die Tiere, die man abgeschossen
Um Pelz und Flirt.
Jedoch ich werde mählich was verwirrt.
Ich habe zu viel Heurigen genossen.
Und draußen wuchtet um den Stephansturm

Schon seit acht Tagen böser Wind. –
Der müsste zehnmal stärker – stärkster Wind –
Hier all die Damherrn, Dummen oder Dämen
Jählings entkleiden, nackt wie Regenwurm. –
Wie sich die Zierigen wohl dann benähmen?!

Ach wärst du hier, wär all das abgetan.
Schlagobers würd ich um dich häufen lassen.
Auch sah ich winkelschöne, arme Gassen
Und Kirchentürme ganz aus Filigran.

———◆———

Zürich

An Hügin

Frage ich mich: Führ ich
Gern ein zweites Mal dorthin
Nach (Hamburgli-)Zürich?? –
Merk ich doch, dass ich im Zweifel bin.
Ungeachtet dessen – immerhin!

Wer, wie ich, die ganze Stadt
Und die weitere Umgebung
Zwecks privater Schiller-Neubelebung
Oberhalb und unterhalb durchbummelt hat,
Der kommt aus der hohlen Gasse
Tagelang oft gar nicht mehr heraus.
Doch ist dort auch eine ganze Masse
Ernster Künstler und auch sonst zu Haus
Und vertragen sich wie Katz und Pack und Maus.
Ihnen, mir, auch anderen wahrscheinlich
Ist die Stadt zu übertrieben reinlich.

Nirgends Pferdefrüchte auf dem Pflaster.
Nirgends Sünde, nirgends Laster.
Und die Polizei berührt uns peinlich.

In den Kneipen sah ich beim Walliser
Anfangs lauter breitgenährte Spießer,
Immer sechs um einen Patriarchen,
Und ihr Sprechen klang mir erst wie Schnarchen.
Aber bald entdeckte ich, Gott sei Dank,
Dass sie doch trotz ihrer Meistermienen,
Wachgehalten vom politischen Dreiklang,
Freier, schöner waren, als sie schienen.

Ja, sie schwimmen wirtschaftlich im Glücke,
Hamstern zentnerschwere Frankenstücke,
Zahlen winzi-niedli-kleine Rappen.
Hmm!
Das Glück geht ihnen durch die Lappen,
Und ihr Unglück hält sich fern.
Immerhin: ich würde doch sehr gern
Wieder einmal frische Luft dort schnappen.

O dass sie ewig nicht so friedlich bliebe,
Die kriegverschonte, teure Schweiz!

Ich grüße Zürich einerseits und andrerseits
Und viele Freunde dort, die ich sehr liebhabe.

Abschied von Paris

Herz, ich schreibe dies
In der letzten Stunde in Paris,
Aus der letzten Flasche echt Champagner
In dem Nègre de Toulouse,
Nicht so froh, wie ich zuvor aus mancher
Unsentimentalen Stunde sandte manchen Gruß.

Dass ich hier nicht länger durfte bleiben,
Lässt glückstraurig jetzt mich selber quälen.
Morgen aber werd ich frech erzählen
Und deutschabenteuerlich viel übertreiben,

Wie von einer sternenweiten Ferne,
Wie Paris mir ist – ach nein, dann war –.
Denke dir nur: Jede siebente Laterne
Hier ist ein naives Pissoir.

Unsympathisch, unergründlich
Comme chez nous ist die Bourgeoisie,
Doch die simplen Leute von Pari
Und die Künstler und die bunten Fremden,
Pascin, Eiffelturm und der und das und die –
Morgen, Liebste, schildre ich das mündlich.
Und die Strümpfe und koketten Hemden.

Zwar nach einundzwanzig Bummeltagen
ist noch nichts Erschöpfendes zu sagen
Über dies
Land Paris.
Auch was ich dir morgen angter nus
Glühend loben werde, prüfe du's.

Bums! Ein Glas zerschlug im Nègre de Toulouse.

Augsburg

Ich bin da im Weißen Lamm
Abgestiegen.
Leider ließ ich im Zug deinen schönen, neuen Schwamm
Liegen.
Mir blieb nichts verschont.
Hier hat auch Goethe gewohnt –
Wollte sagen »erspart«. –

Augsburg hat doch seine Art;
Besonders wenn Markt ist, und Zwiebeln, verhutzelte
    Weiblein
Und Butter und Gänse auf steinaltem Pflaster sich
tummeln.

Dort, wo früher Hasen- und Hundemarkt war,
Schreib ich diesen Brief. Eine wunderliche
Ganz enge Kneipe – Marktleute – Kupferstiche –
Nur Schnäpse –

Verzeih, mir ist nicht ganz klar,
Aber sonderbar.
Schade nur um den herrlichen Schwamm!
Die ihn finden, die freun sich.

Auf der Reise nach Italien 1790.
Es lebe Goethe! Das Lamm! Und der Schwamm!
Ach was! Schwamm drüber! Punktum Streusand!
Prosit: es lebe Neuseeland.

116

München

Nach einer Herrenstammtisch-Nacht
versehentlich an die Steuerbehörde gesandt

Die Amseln flöten am Stachus.
Am Sendlingertorplatz nach Schwabinger Nacht
Schimpfen Caprivi und Bacchus
Auf eines Wasserspringbrunnens Pracht.
Jemand, der seinen Doktor gemacht
Hat, fühlt sich als ein Riese
Und brüllt wie am Spieße. –
Auf der Oktoberwiese:
Die Bavaria: – lacht.
Vor Mittag wünschen zweie
Sich »Angenehme Ruh!«
Der dritte Chargierte Immerzu
Feiert noch Bannerweihe.
Im Donisl blühn die Weißwürste.
Im Schlachthof brüllt anderthalb Kalb.
Und reaktionäre Dürste
Erheben sich allenthalb …
Die Frauentürme verwechseln
Sich selber. Von unten her
Kurzwichsig mit Jodeln und Sächseln
Hebt sich der Fremdenverkehr.
Da lassen sich aus Venedig
Die Tauben und Witwen und Ehefraun
Am Theatiner rundum beschaun.
Und trippeln, als seien sie ledig,
Und weil ich mich eben so freue,
Mal ohne Frau, auf verbotenem Weg,
Drum preis ich die alte und neue
Pinako – Pinako – – kothek.

An Berliner Kinder

Was meint ihr wohl, was eure Eltern treiben,
Wenn ihr schlafen gehen müsst?
Und sie angeblich noch Briefe schreiben.

Ich kann's euch sagen: da wird geküsst,
Geraucht, getanzt, gesoffen, gefressen,
Da schleichen verdächtige Gäste herbei.
Da wird jede Stufe der Unzucht durchmessen
Bis zur Papagei-Sodomiterei.
Da wird hasardiert um unsagbare Summen.
Da dampft es von Opium und Kokain.
Da wird gepaart, dass die Schädel brummen.
Ach schweigen wir lieber. – Pfui Spinne, Berlin!

———

Betrachtungen in einer Bahnhofswartehalle

Wie seine eigne Spucke schmeckt,
Das weiß man nicht.
Wenn man in seinen Spiegel leckt,
Kriegt man die Spucke zu Gesicht.

Das muss durchaus kein Spiegel sein.
Man kann aufs Sofa, auf die Hand,
Man kann auf jeden Gegenstand,
Wenn man nur richtig hintrifft, spein.

Jedoch: Tut wohl ein Gent,
Der etwas von Bazillen
Weiß und die Folgen kennt,
Bazillen das zu Willen??

Man spuckt von Bord ins Meer bei Sturm.
Man spuckt diskret vom Eiffelturm
(Bis unten sechs Sekunden).
Man spuckt an einen Litfasszaun,
Doch nie in Gegenwart von Fraun
Und stets in stillen Stunden.
Weh dem, der sie verliert!
Weh dem, der sie vergeudet,
Die Spucke! Sie bedeutet
Viel, wenn man raucht und priemt, frankiert,
Umblättert, löscht, aquarelliert.

Die eigne Spucke, Mimikry,
Verdirbt den Appetit uns nie.
Ich bin nicht ihr Entdecker.
Ich bin kein Speichellecker,

119

Bin kein Feinschmecker,
Doch ich liebe sie.

Ich liebe nur die meinige.
Ausnahmen sind exzeptionell
Und – frei gesagt – dann sexuell;
Obwohl ich solche Leute niemals steinige.

Manches soll man verschlucken.
Jetzt naht mein Zug. Die Zeit vergeht.
Ich weiß, in jedem Wagen steht:
»Nicht auf den Boden spucken.«

———

Wirrsal

Denn immer wieder steigt von Zeit zu Zeit
Das Glück zu hoch und sackt das Leid zu tief.
Und dann: erwacht,
Was man gewaltsam totgemacht
Oder was kraftlos dumpfe Unwahrscheinlichkeiten schlief.

Und Kugeln müssen singen durch die Nacht;
Und nichts in ihrer Bahn soll leben bleiben.
Und was die Menschen sagen oder schreiben,
Soll offenkundig Lüge sein.
Und eine Zeit lang herrsche Nichts und Nein,
Und beuge sich der Vater vor dem Sohn.
Revolution!

Damit wir alle neu und weiter leiden,
Noch einige die wenigen beneiden,
Die dann so stark und unabhängig sind,

Dass sie zum Beispiel sich vor einem Kind
Ganz plötzlich – oder sich vor grünen Zweigen
Oder vor einem Esel – tief verneigen.

——◆——

Aus meiner Kinderzeit

Vaterglückchen, Mutterschößchen,
Kinderstübchen, trautes Heim,
Knusperhexlein, Tantchen Röschen,
Kuchen schmeckt wie Fliegenleim.

Wenn ich in die Stube speie,
Lacht mein Bruder wie ein Schwein.
Wenn er lacht, haut meine Schwester.
Wenn sie haut, weint Mütterlein.

Wenn die weint, muss Vater fluchen.
Wenn er flucht, trinkt Tante Wein.
Trinkt sie Wein, schenkt sie mir Kuchen:
Wenn ich Kuchen kriege, muss ich spein.

——◆——

München

(An die Schwiegereltern)

München, bei der echten Frau zu Hause.
Endlich also einmal wieder Ruhepause.
Meine Stübchen, Küche, Bad, Salon,
Meinen Schreibtisch! Meine Blumenwiese
Auf der Brüstung vom Balkon!
Wie ich das genieße!
Ohne jemanden zu bitten oder stören.
Ha!: Ich dürfte ruhig mit Behagen
– weil sie mir gehören –
All die schönen Bilder an der Wand zerschlagen.
Doch ich tu's nicht. Denn wir niesen die
Und das alles ge zu zweit,
Kindlich glückliche und fromme Zeit!
Schöner war es nirgends, wird es nie.
Und wir kochen, spielen Schach und lesen,
Plaudern: wie die Zwischenzeit gewesen,
Ordnen, albern, täubeln. Bis es klingelt. Dann
Sind wir mäuschenstill.
Weil ich all die Leute von X Jahren
Vieler Städte, die mal gütig zu mir waren,
Aber alle mal nach München fahren,
Nicht empfangen – oder doch nicht nach Gebühr behandeln kann.

Das Sonderbare und das Wunderbare

Doch ihre Sterne
kannst du nicht verschieben

Das Sonderbare und Wunderbare
Ist nicht imstande, ein Kind zu verwirren.
Weil Kinder wie Fliegen durch ihre Jahre
Schwirren. – Nicht wissend, wo sie sind.

Nur vor den angeblich wahren
Deutlichkeiten erschrickt ein Kind.

Das Kind muss lernen, muss bitter erfahren.
Weiß nicht, wozu das frommt.
Hört nur: das muss so sein.

Und ein Schmerz nach dem andern kommt
In das schwebende Brüstchen hinein.
Bis das Brüstchen sich senkt
Und das Kind denkt.

———•———

Und ich darf noch

Hie und da, dann und wann
Ein Wehweh. Doch im ganzen:
Ich, der ich nicht tanzen kann,
Sehe gern andere tanzen.

Noch immer in Arbeit gestellt
Und die Arbeit genießend,
Finde ich dich, ausstudierte Welt,
Immer neu fließend.

Gehe durch die Straßen einer Stadt,
Um Dinge herum, die stinken.
Was Beine oder keine Beine hat,
Kann blinken oder winken.

Ich kann einen Pflasterstein,
Der am Rinnstein liegt, aufheben.
O schönes Auferdensein!
Und ich darf noch leben.

Nachtgalle

Weil meine beiden Beine
Erfolglos müde sind
Und weil ich gerade einsam bin,
Wie ein hausierendes Streichholzkind,
Setz ich mich in die Anlagen hin
Und weine.

Nun hab ich lange geweint.
Es wird schon Nacht; und mir scheint,
Der liebe Gott sei beschäftigt.
Und das Leben ist – – alles, was es nur gibt:
Wahn, Krautsalat, Kampf oder Seife.
Ich erhebe mich leidlich gekräftigt.
Ich weiß eine Zeitungsfrau, die mich liebt.
Und ich pfeife.

Ein querendes Auto tutet. –
Nicht Gold noch Stein waren echt
An dem Ring, den ich gestern gefunden. –
Die nächtliche Straße blutet
Aus tausend Wunden.
Und das ist so recht.

———

Morgenwonne

Ich bin so knallvergnügt erwacht.
Ich klatsche meine Hüften.
Das Wasser lockt. Die Seife lacht.
Es dürstet mich nach Lüften.

Ein schmuckes Laken macht einen Knicks
Und gratuliert mir zum Baden.
Zwei schwarze Schuhe in blankem Wichs
Betiteln mich »Euer Gnaden«.

Aus meiner tiefsten Seele zieht
Mit Nasenflügelbeben
Ein ungeheurer Appetit
Nach Frühstück und nach Leben.

Schlängelchen

Schlängelchen zum Teufel kam,
Ganz still und bescheiden.
Und der Teufel das Schlängelchen nahm
Und es streichelte.
Mochte es gut leiden.

Kam ein Schlängelchen
Zu einem Engelchen,
Neigte sich und wollte wieder scheiden.
Engelchen mochte das Schlängelchen
Gut leiden,
Sagte fromm:
»Komm!«

Weißt du?

Wenn ein Neunauge mit einem Tausendfuß
Kinder zeugt, wie mögen die gehen?
Wie mögen die sehen?
Ich weiß es nicht. Weißt du's?

Weißt du wohl, dass eines Flugzeugs Schatten,
Wenn er über Häuser, Bäume, Matten,
Menschen, Tiere, Wasser geht,
Nichts und niemand widersteht?

Jeder weiß, warum in schönen Zweigen
Schöne Spinne schöne Netze webt.
Aber weißt du, was das Schweigen
Eines andern Menschen
Sinnt und nacherlebt und vorerlebt?

Sommerfrische

Zupf dir ein Wölkchen aus dem Wolkenweiß,
Das durch den sonnigen Himmel schreitet.
Und schmücke den Hut, der dich begleitet,
Mit einem grünen Reis.

Verstecke dich faul in die Fülle der Gräser.
Weil's wohltut, weil's frommt.
Und bist du ein Mundharmonikabläser
Und hast eine bei dir, dann spiel, was dir kommt.

Und lass deine Melodien lenken
Von dem freigegebenen Wolkengezupf.
Vergiss dich. Es soll dein Denken
Nicht weiter reichen als ein Grashüpferhupf.

————

Mutig vorm Spiegel!

Schminke dich nur und pudre dich fein,
Du niedliches Köpfchen!
Der Schöpfer liebt seine Geschöpfchen,
Lässt sie ausschaun, wie sie ausschaun wollen.
Lässt sie also gern auch hübsch sein.
Färbt euch interessant, ihr Frauen!
Nur das Gewissen färbt nicht!
Würdet ihr wohl beim Jüngsten Gericht –
Stellt euch vor – sehr beklommen
Eingestehn, dass ihr für euer Gesicht
Schminke und Puder genommen?

Schminke ist genauso Natur
Wie ein Grashalm oder Sofakissen.
Färbt euch nur, schminkt euch, pudert euch nur!
Aber nie euer Gewissen.
Der liebe Gott wird nicht böse sein
Über ein menschenreizvolles Gesicht.
Wird ein Lächeln höchstens in seiner Größe sein.
Aber tadeln oder zürnen wird er nicht.

Wenn das andere in der Frau stimmt,
Was keine Aufmachung annimmt.

————

Es lebe die Mode!

Für die Mode, nicht dagegen
Sei der Mensch! – Denn sie erfreut,
Wenn sie sich auch oft verwegen
Vor dem größten Kitsch nicht scheut.

Ob sie etwas kürzer, länger,
Enger oder anders macht,
Bin ich immer gern ihr Sänger,
Weil sie keck ins Leben lacht.

Durch das Weltall sei's gejodelt
Allen Schneidern zum Gewinn:
Mode lebt und Leben modelt,
Und so haben beide Sinn.

Enttäuschter Badegast

Wenn ich im Badeanzug bin
Und im Familienbade,
Geht die Erotik fort. Wohin
Weiß Gott. Wie schade!

Und Weiber jederlei Gestalt,
Sie lassen alle dann mich kalt,
Wie die verdammte Jauche
Der See, in die ich tauche,
Kalt gemacht, speziell am Bauche.

Von der Kabine bis ans Meer
Geniere ich mich immer sehr.
Trotz Spucke und trotz Laufgeschwind
Merkt jede Frau und jedes Kind,
Dass meine Füße dreckig sind.
Und niemand fragt woher.

Dass jemanden, der nicht gut schwimmt,
Dass man den gar nicht mehr als Mann,
Sondern als Tauchemännchen nimmt –

So handeln Weiber, die bestimmt
Wären, mich aufzuregen.

Mir schmeckt das Badewasser nie,
Ich denke immer an Pipi
Und kann das auch belegen.

Es liegt mir fern, hier indiskret
Krampfadern aufzuwühlen,

Doch jede Frau, die baden geht,
Weiß nicht von meinen Gefühlen.

Pfingstbestellung

Ein Pfingstgedichtchen will heraus
Ins Freie, ins Kühne.
So treibt es mich aus meinem Haus
Ins Neue, ins Grüne.

Wenn sich der Himmel grau bezieht,
Mich stört's nicht im geringsten.
Wer meine weiße Hose sieht,
Der merkt doch: Es ist Pfingsten.

Nun hab ich ein Gedicht gedrückt,
Wie Hühner Eier legen,
Und gehe festlich und geschmückt –
Pfingstochse meinetwegen –
Dem Honorar entgegen.

Lebhafte Winterstraße

Es gehen Menschen vor mir hin
Und gehen mir vorbei, und keiner
Davon ist so, wie ich es bin.
Es blickt ein jedes so nach seiner
Gegebenen Art in seine Welt.

Wer hat die Menschen so entstellt??

Ich sehe sie getrieben treiben.
Warum sie wohl nie stehenbleiben,
Zu sehen, was nach ihnen sieht?
Warum der Mensch vorm Menschen flieht?

Und eine weiße Weite Schnee
Verdreckt sich unter ihren Füßen.
So viele Menschen. Mir ist weh:
Keinen von ihnen darf ich grüßen.

Steine am Meeresstrand

Steine schaumumtollt,
Zornig ausgerollt
Über Steine. –
Freiheit, die ich meine,
Gibt es keine.

Stille nun. Entbrandet
Ruht ihr, feucht umsandet,
Unzählbar gesellt,

Von der Zeit geschliffen
Oder kampfentstellt. –
Alle von der Welt
Lange rau begriffen,
Schweigt ihr. – Ihr begreift die Weit.

Wie ich euch sortiere,
Spielerisch verführt:
Früchte, Götzen, Tiere,
Wie es so legt,
Habt ihr in mir aufgerührt,
Was seit Kindheit mich bewegt.

Spitze, trübe, glatte, reine,
Platte, freche, winzig kleine,
Ausgehöhlte, fette Steine,
Plumpe, schiefe, trotzig große –

Ja ihr predigt ernst wie froh,
Meistens simpel, oft apart,
Weit umgrenzte, willenlose

Freiheit. – Predigt ebenso
Fromm wie hart.

———•———

Kindersand

Das Schönste für Kinder ist Sand.
Ihn gibt's immer reichlich,
Er rinnt unvergleichlich
Zärtlich durch die Hand.

Weil man seine Nase behält,
Wenn man auf ihn fällt,
ist er so weich.
Kinderfinger fühlen,
Wenn sie in ihm wühlen,
Nichts und das Himmelreich.

Denn kein Kind lacht
Über gemahlene Macht.
Kinder weinen.
Narren warten.
Dumme wissen.
Kleine meinen.
Weise gehen in den Garten.

———•———

Rachegelüst

Wenn die Menschen dumpf sich nicht getraun,
Wenn sie feig und heuchlerisch sich fügen
Und ihr Glück auf ihre Schlauheit baun,
Redliches bedrücken und betrügen.

Wenn sie schleichen, flüstern und sich ducken,
Andrerseits aus Würde sich genieren –
O dann müsste etwas explodieren.
Und ein Riese müsste sich erheben
Über sie und sie nicht etwa töten,
Sondern saftig, kräftig sie bespucken,
Um sie für ihr weitres Leben
Als verschleimte, fette Warzenkröten
In ein Glashaus einzusperrn.
Und ich würde durch die Scheiben gucken
Und sie grüßen: »Hochverehrte Herrn!«

Erkenne deinen Lohn

Keine Epoche
Geht wie ein Ei entzwei.

Aber ein Leben – –?!

Vielleicht gehn mit dieser Woche
Dir dreißig Jahre vorbei,
Sind dir nur noch Minuten gegeben – –?!

Alles Zukunfterraten
Ist wie gemalter Braten.

Trinke deine Tasse,
Gib von dem, was dir niemand nimmt.

Dass deine kleine Kasse
Bei plötzlicher Endrevision
Möglichst stimmt.
Erkenne deinen Lohn.

Was dann?

Wo wird es bleiben,
Was mit dem letzten Hauch entweicht?
Wie Winde werden wir treiben –
Vielleicht!?

Werden wir reinigend wehen?
Und kennen jedes Menschen Gesicht.
Und jeder darf durch uns gehen,
Erkennt aber uns nicht.

Wir werden drohen und mahnen
Als Sturm
Und lenken die Wetterfahnen
Auf jedem Turm.

Ach, sehen wir die dann wieder,
Die vor uns gestorben sind?
Wir, dann ungreifbarer Wind?
Richten wir auf und nieder
Die andern, die nach uns leben?

Wie weit wohl Gottes Gnade reicht.
Uns alles zu vergeben?
Vielleicht? – Vielleicht!

———

Und auf einmal steht es neben dir

Und auf einmal merkst du äußerlich:
Wieviel Kummer zu dir kam,
Wieviel Freundschaft leise von dir wich,
Alles Lachen von dir nahm.

Fragst verwundert in die Tage.
Doch die Tage hallen leer.
Dann verkümmert deine Klage …
Du fragst niemanden mehr.

Lernst es endlich, dich zu fügen,
Von den Sorgen gezähmt.
Willst dich selber nicht belügen
Und erstickst es, was dich grämt.

Sinnlos, arm erscheint das Leben dir,
Längst zu lang ausgedehnt. – –
Und auf einmal – –: Steht es neben dir,
An dich angelehnt – –
Was?
Das, was du so lang ersehnt.

———

Schwebende Zukunft

Habt ihr einen Kummer in der Brust
Anfang August,
Seht euch einmal bewusst
An, was wir als Kinder übersahn.

Da schickt der Löwenzahn
Seinen Samen fort in die Luft.
Der ist so leicht wie Duft
Und sinnreich rund umgeben
Von Faserstrahlen, zart wie Spinneweben.

Und er reist hoch über euer Dach,
Von Winden, schon vom Hauch gepustet.
Wenn einer von euch hustet,
Wirkt das auf ihn wie Krach,
Und er entweicht.

Luftglücklich leicht.
Wird sich sanft wo in Erde betten.
Und im Nächstjahr stehn
Dort die fetten, goldigen Rosetten,
Kuhblumen, die wir als Kind übersehn.

Zartheit und Freimut lenken
Wieder später deren Samen Fahrt.

Flöge doch unser aller Zukunftsdenken
So frei aus und so zart.

Ein Traum

Es war nur ein Traum, doch es war eine Pracht!
Ich glaubte in mondscheinsilberner Nacht
Auf schwellendem Rasen zu liegen.
Ein glänzendes Schloss erhob sich kühn,
Und ich sah aus dem Fenster efeugrün
Ein Märchenkind lauschend sich biegen.

Ein Mädchengesicht, so lieb, so traut,
Wie ich es nimmer zuvor geschaut.

Gleich flüssigem Golde erglänzte ihr Haar,
Und ich las in dem dunklen Augenpaar
Ein wehmütig banges Erwarten.
Ein leiser Wind erquickte die Luft
Und trug einen süßen, berauschenden Duft
Vom Holunderbusch durch den Garten.

Dort saß an des Springbrunns Sprudelquell
Geigend ein müder Wandergesell.

Und als dann – und das war so schön in dem Traum –
Eine Nachtigall hoch im Lindenbaum
Mit einstimmte in seine Lieder
Und schluchzend sang, wie von Schmerz und Lust,
Da war es, als fiele auf meine Brust
Das Glück wie ein Morgentau nieder. – –

Die alten Linden seufzten im Wind.
Im Schlosse weinte das Märchenkind.

Da flog aus dem Schatten gespenstig vom Dach
Eine Fledermaus auf. Da wurde ich wach,
Und alles war plötzlich verschwunden.

Ödes Erwachen. Wie leerer Schaum
Zerronnen war alles, was ich im Traum
So selig geschaut und empfunden. – –

Doch wie ein Trost kam's über mich dann:
O glücklich, wer noch so träumen kann!

———

Herzenstreue

»Und seid ihr glücklich?« – hab ich dann gefragt. –
Mir ist das leise Zittern nicht entgangen.
Und lachend, wie das »Ja«, das du gesagt,
Ist eine Stunde uns vorübergangen.

Doch was mich glühend dir zu Füßen trieb,
Vor deinem Lachen starb es hin in Reue,
Nur eine grenzenlose Achtung blieb
Vor solcher tränenschönen Herzenstreue.

———

Es ist besser so

Es ist besser so.
Reich mir die Hand. Wir wollen froh
Und lachend voneinandergehn.
Wir würden uns vielleicht nach Jahren
Nicht mehr so gut wie heut verstehn.
So lass uns bis auf Wiedersehn
Ein reines, treues Bild bewahren.

Du wirst in meiner Seele lesen,
Wie mich ergreift dies harte Wort.
Doch unsre Freundschaft dauert fort.
Und ist kein leerer Traum gewesen,
Aus dem wir einst getäuscht erwachen.
Nun weine nicht; wir wollen froh
Noch einmal miteinander lachen. – – –
Es ist besser so.

Meine Gedanken trafen dich still allein

Meine Gedanken trafen dich still allein
Spät in der Nacht in deinem Kämmerlein,
Sahen dich kindlich vor meinem Bildnis beten.
Meine Gedanken sind leise beiseite getreten,
Und sie sprachen voll Sehnsucht: Ach wenn sie doch wüsste,
Dass ich ihr Bild zur selben Stunde küsste.

Liebesbrief

»Rösl, morgen Abend um zehne
Unter dem Standbild der Pallas Athene,
Wo wir uns doch so oft schon getroffen,
Beide die Brust voll Bangen und Hoffen,
Immer so froh. Sind gewandert nach irgendwo,
Sind gewandert durch Nacht und Tau
Bis in das schüttelnde Morgengrau. – –
Busseln und Lieben!! –
Weiß nicht, was wir getrieben,
Weiß nicht, wo all die Stunden geblieben.
Und dann immer das alte Lied:
Jeder wollte scheiden und keiner schied.
Und dann gingst du doch, –
Aber ich stand und lauschte noch,
Lauschte, bis ferne dein Schritt verhallt.

Rösl, ich mag dich so leiden!!
Gelt Rösl, wir beiden
Werden nimmer alt?«

Gartenbäume und Wegblumen

Quäle dich nicht, wer ich bin,
Denn du siehst mich nimmer wieder,
Frage nicht woher? Wohin?
Sing mir eines deiner Lieder.

Glaube, dass ich gerne bliebe,
Wie es stumm dein Auge spricht.
Nimm mein Gold für Deine Liebe,
Nur von morgen sprich mir nicht.

Lass uns Wang an Wange glühen
Und dann auseinandergehn,
Bäume, die im Garten blühen,
Blumen, die am Wege stehn.

Verlockung

Ich sitze fast einsam im warmen Raum.
Die graue Katze hat sich zu mir gesellt.
Irgend jemand – ich sah es kaum –
Hat mir den Wein auf den Tisch gestellt.

Ein schmeichelndes Fell streicht meine Hand,
Die so verwöhnt in diesem Haus.
Der Ampelschatten an der Wand
Streckt lange Spinnenbeine aus.

Aus trübem Glase blinzelt ein Licht.
Es tickt die Uhr, verträumt, verjährt, – –

Noch ist die schwüle Stunde nicht,
Da hier die Freude schäumt und gärt.

Im Nebenraum erwachen weiche Lieder.
Ich will von dieser Stimme heut nichts wissen,
Und doch – – – Ich denke an verbuhlte Kissen,
An weiße Spitzen, an ein schlankes Mieder.

Ich stehe, – gehe, – kämpfend, zweifelnd, – lauschend – –
Vorbei! – – Und hinter mir rauscht die Portiere.
Mit einem Duft von indisch süßer Schwere
Küsst mich der Wollust holdes Gift berauschend.

Der letzte Weg

»Ich gehe ins Wasser«, sagte sie leis,
»Ade!
Du hast es gut mit mir gemeint.
So weiß ich einen, der um mich weint.
Hab Dank!«
Ich aber sah ihr tiefes Weh
Und küsste sie, die arm und krank,
Und sagte: »Geh!«

———

Eine von denen

Du weißt, dass sie mit Fingern auf dich zeigen.
Du hörst sie flüstern: »Eine nur von denen – –«,
Und willst mir doch dein großes Leid verschweigen
Und dieses hoffnungsferne, wilde Sehnen.

Die bleichen Wangen werden dir Verräter,
Die hohlen Augen nennen dich verbittert:
Es ist das bange Grausen vor dem »Später«,
Das hinter jedem deiner Worte zittert.

Nimm hin dein Geld. Ich will, du sollst dich freuen,
Und will dir seine welken Rosen schenken.
Du wirst so manche Stunde noch bereuen
Und dieser einen einmal warm gedenken.

———

Zwei Frauen

Es sitzen im schwülen Dämmerlicht
Zwei blühende Frauen
Und regen sich nicht.
Sie schauen sich an und schauen
Und schauen mit sengender Augenglut
In sengende, glühende Augen,
So tief, so wild, als gälte es Blut
Mit Blicken aus Blicken zu saugen.

Da ringt unter wogenden Brüsten
Ein irres, fremdes Gelüsten
Mit bangem, ruhlosen Leiden. – – – –
Ein schillerndes, schuppiges Schlangengetier
Kriecht aus dem Dunkel in hastiger Gier,
Schlingt seinen Leib um die beiden
Und dehnt sich schleimig, duckt sich und spuckt
Und bäumt sich lautlos und züngelt und zuckt.

Das ist die Schlange, vor der uns graut,
Wenn uns ihr bannendes Auge trifft.
Sie trägt ein langsam tötendes Gift,
Aus unergründlichen Rätseln gebraut.

Ehe du Schuhe kaufst

Dein Schuh wird dich hassen,
Wenn du ihn nicht liebst,
Keiner kann sich dir anpassen,
Dem du keine Achtung gibst.

Was du trägst, soll auch dich tragen.
Bedenke, bevor du wählst, –
Sei es einen Schuh – dass du
Sozusagen
Dich mit ihm vermählst.

Achte, dass ihm weder Sohle noch Seele,
Nicht Qualität noch Charakter fehle. –
Jeder Schuh hat ein Gesicht.
Jeder Schuh spricht.
Adel, Güte, Schönheit – alle Gaben
Kann ein Schuh haben.

Kann ein Kinderschuh an sich
Schon so rührend sein. – Auch Leder lenkt das Leben.
Aber du musst wissen, mit wem du dich
Willst umgeben!

Was du erwirbst an Geist und Gut

Erwirb dir viel und gib das meiste fort.
Viel zu behalten, hat den Wert von Sport.
Behalte Dinge, die du innig liebst,
Bis du sie gern an Freunde weitergibst.
Liebe und halte frei dein Eigentum.
Besitz macht ruhelos und bringt nicht Ruhm.

———

Seemann kommt aus Pariser Kino

»Sous les toits de Paris.«
Wenn sie's doch alle so hätten
Wie wir zur See. – – In den großen Städten,
Wenn ich das Wasser verließ,
Trieb ich's, wie sie's
Treiben – hier su lä tua de Paris.

Sailing is better! –
Aber die in den Städten haben doch
Auch gutes und schlechtes Wetter
Und über den Dächern den Himmel – – Und sous?
Armut. – Hm – Aber sie haben dazu
Doch Weiber! – Ja wosch lublu! –

»Sous les toits de Paris.«
Alles verstand ich nicht.
Aber ich kenne doch die,
Die hart unterm Dache wohnen.

Das war so: Die Mutter der Welt spricht
Einfach zu allen Nationen,
Frenchmen, Englishmen, Holländer – – –

Hallo! He da! Nicht so schnell!
Pardon, liebe Mademoiselle.
Leben – waren auch Sie
Sous les toits de Paris?

———

Tropensehnsucht

Nashornida nannte ich die Kleine.
Eigentlich klingt das so mild.
Nashornida hatte Trampelbeine
Und war wild.

Nashornida hat mir einen Knochen,
Alle Gläser, Porzellan und die
Linke Wand vom Kleiderschrank zerbrochen.

Doch sie hat nach Afrika gerochen,
Und das reizte meine Phantasie.

Abglanz

Gaben zwei sich einen Abschiedskuss,
Anscheinend zwei Freundinnen.
Stieg die eine in den Omnibus.
Und der Omnibus fuhr von hinnen.

Die im Omnibus saß mir zugewandt.
Und ich sah, dass in ihrem Gesichte
Noch lange ein liebes Lächeln stand;
Das erzählte eine kleine Geschichte.

Die Überholten

Und Menschen triffst du, und dich stört ihr Reden,
Weil es nichts Neues dir enthüllt.
Du kennst all ihre Zellen, hast längst jeden
Gedanken überholt, der sie erfüllt.

Du willst durchaus nicht, dass sie näher kommen;
Du fürchtest, dass du überlegen siegst.
Doch schweigend dann besinnst du dich beklommen,
Wie du den Anfang so wie sie genommen
Und dass du dankbar sein musst, weil du stiegst.

Doch wenn du dich bescheiden an sie wendest
Und einfach sprichst, erfährst du, dass du störst.
Und einsam klingt der Satz, den du vollendest.
Weil du doch nimmer ihnen angehörst.

Bürger, den ich meine

Bürger, den ich meine

Tanzunterricht bis Stammtischbier.
Solch Bürger ist behütet.
Der Bürger ist kein Säugetier.
Der Bürger ist gebrütet.

Doch was ich hiermit Bürger nenn,
Sind satte Mittelpunkte.
Wie die sich wohl benähmen, wenn
Man sie in Eiweiß tunkte.

———

Wie mag er aussehn?

Wer hat zum Steuerbogenformular
Den Text erfunden?
Ob der in jenen Stunden,
Da er dies Wunderwirr gebar,
Wohl ganz – – – oder total – – – war?

Du liest den Text. Du sinnst. Du spinnst.
Du grinst – »Welch Rinds« – und du beginnst
Wieder und wieder. – Eisigkalt
Kommt die Vision dir »Heilanstalt«.

Für ihn? Für dich? – Dein Witz erblasst.
Der Mann, der jenen Text verfasst,
Was mag er dünkeln oder wähnen?
Ahnt er denn nichts von Zeitverlust und Tränen?

Wir kommen nicht auf seine Spur.
Und er muss wohl so sein und bleiben.
Auf seinen Grabstein sollte man nur
Den Text vom Steuerbogen schreiben.

———

Sonntags

Du redest. Du redest doch auch zu mir?
Die Kanzel ist so hoch entfernt.
Was redest du auf lateinisch zu mir!
Ich habe doch nie Lateinisch gelernt.

Was redest du so düster und fremd?
Lache doch einmal laut!
Was trägst du für ein feierlich Hemd?
Damit wir bangen? Damit uns graut?

Was gehst du so um den Brei herum?
Um den saftigen, würzigen Brei?
Ich war so froh; nun bin ich dumm
Und risse dir gern das Hemd entzwei.

Und sähe dich gerne splitternackt,
Verzweifelten Gesichts.
Ich bin vielleicht vom Teufel gepackt.
Aber er tut mir nichts.

———•———

Der Seriöse

Wo ich abends Weißwürste fresse,
Da sitzt oft drei Tische weit
Vor mir ein Herr von Noblesse.
Sehr groß, sehr ernst und sehr breit.

Sein Haar und Bart, seine Kleidung
Sind einwandfrei und gepflegt,

Wie er unter steter Vermeidung
Sich einwandfrei sicher bewegt.

Wie ihn die Kellner bedienen,
Ist er ein Fürst oder reich.
Doch bleibt das Spiel seiner Mienen
jederzeit würdig und gleich.

Wenn diese würdig seriöse
Erscheinung vorübergeht,
Dann ist mir, als ob mein Gekröse
In Hirn und Leib sich verdreht.

Denn, wenn er mit seinen Blicken
Mich streifte – das fühle ich klar –,
Ich würde zusammenknicken
Und nimmer sein, was ich war.

Doch ohne seitwärts zu schauen,
Schreitet er durchs Lokal.
Seine gerunzelten Brauen –
Wie alles an ihm – sind aus Stahl.

Und seine Schritte lenken
Sich dahin, wohin man nicht sieht.
Ich wage nicht auszudenken,
Was er dort etwa vollzieht.

Ach, ich bin klein, ich bin böse.
Mein Herz ist auch nicht ganz rein.
Ach dürfte ich solche seriöse
Persönlichkeit einmal sein!

Immer wieder Fasching

Wenn der Fasching kommt, wird viel verboten.
Aber manches wird auch andrerseits erlaubt.
Dann wird nicht nur Dienstboten,
Nein auch Fürstenhäusern entstammten
Damen oder Frauen von Beamten
Die Unschuld geraubt.

Jeder lässt was springen.
Viel ist los.
Und vor allen Dingen
Beine und Popos.

Wenn sich Masken noch einmal verhüllen
Mit Fantastik, Seide, Samt und Tüllen,
Zeigt sich sehr viel Fleisch und sehr viel Schoß.
Dass wir, eh wir heimwärts schwanken,
Unsern steifen Hut zerknüllen
Im Gedanken:
Hätten wir die Hälfte bloß!

Also brechen wir auf!
Ach nein, bleiben wir noch,
Bis an ein Loch.
Schließlich löst sich alles doch
In Papier auf.
Man vertrollt sich lärmlich,
Wendet sich erbärmlich,
Jedermann ein abgesetzter Held.

Draußen Sturm. Es hetzen
Über Dächer kalte Wolkenfetzen

Unterm Mond. Wir setzen
Uns ins Auto, fröstelnd vor dem letzten Geld.

———

Das Original

Ich bin sehr dagegen,
Dass sich ungelegen
Jemand aufdrängt.
Aber meinen Segen
Hat, wer eines Wortspiels wegen
Sich zum Beispiel aufhängt.

Ich bin darin ganz besonders eigen,
Denn ich sehe vieles weit voraus.
Nur ich kann das immer nicht so zeigen. –

Nie betritt ein blinder Mann mein Haus,
Wenigstens nicht meine Räume,
Weil ich einmal eines Nachts in Schweden
Träumte – und ich kenne meine Träume –
Nein, wir wollen lieber andres reden.

Wenn ich mal wo so betrunken war,
Wie ich für gewöhnlich niemals bin,
Geh ich dorthin nie mehr hin;
Darin bin ich sonderbar.
Und ich trinke, wenn ich vor Geschäften
Stehe, überhaupt so gut wie nichts,
Denn ich stehe so gewissen Kräften
Nahe. Und der Ausdruck des Gesichts
Wechselt stets bei mir in Intervallen.
Ist dir das und andres an mir aufgefallen?

Nun, ich weiß: ich passe nicht ins Leben,
Weil ich hungern kann. Ich werde nie
Mein Geheimstes jemals Leuten preisgeben,
Die nicht groß sein können oder die
Eng am Gelde hängen.
Warum sollte ich mich denen aufdrängen!

Willst du, bitte, nun mal andre Leute
Ganz diskret befragen,
Was sie über mich und meine Meinung sagen
Und was ich für sie bedeute.

Gelt, du weißt, dass ich nicht gern verspreche,
Weißt auch, dass ich etwas halten kann?
Und – – – Genug! Du bist mein Mann! –
Lebe wohl! – Zahl ich – zahlst du die Zeche?

———

Nach geballten Enttäuschungen

Und nehmen sie die ganze Hand,
Wenn ich den kleinen Finger gebe.
Und Leute sind's von hohem Stand
Und wissen doch nicht, wie ich lebe.

Doch andre wieder, die mich nutzen
Und ziehen dreist aus mir Gewinn.
Wenn meine Einsicht schweigt, dann putzen
Sie das noch aus nach ihrem Sinn.

Ich fühle – weiß nicht – was ich weiß,
Und mich gelüstet's dreinzuschlagen
Auf dieses gierige Geschmeiß. –
Doch meine Treuesten versagen.

Es scheint mich alles zu verfluchen.
Als ich mich selbst verfluchen will,
Legt sich die See. – Ich wurde still,
Fand neu, was niemals ist zu suchen.

———

Alte Winkelmauer

Alte Mauer, die ich oft benässe,
Weil's dort dunkel ist.
Himmlisches Gefunkel ist
In deiner Blässe.

Pilz und Feuchtigkeiten
Und der Wetterschliff der Zeiten
Gaben deiner Haut
Wogende Gesichter,
Die nur ein Dichter
Oder ein Künstler
Oder Nureiner schaut.

»Können wir uns wehren?«
Fragt's aus dir mild.
Ach, kein Buch, kein Bild
Wird mich so belehren.

Was ich an dir schaute,
Etwas davon blieb
Immer. Nie vertraute
Mauer, dich hab' ich lieb.

Weil du gar nicht predigst.
Weil du nichts erledigst.
Weil du gar nicht willst sein.
Weil mir deine Flecken
Ahnungen erwecken.
Du, eines Schattens Schein.

Nichts davon wissen
Die, die sonst hier pissen,

Doch mir winkt es: Komm!
Seit ich dich gefunden,
Macht mich für Sekunden
Meine Notdurft an dir fromm.

———

Ritter Sockenburg

Wie du zärtlich deine Wäsche in den Wind
Hängst, liebes Kind
Vis à vis,
Diesen Anblick zu genießen,
Geh ich, welken Efeu zu begießen.
Aber mich bemerkst du nie.

Deine vogelfernen, wundergroßen
Kinderaugen, ach erkennen sie
Meiner Sehnsucht süße ,
Jetzt ein Wind zu sein in deinen Hosen –?

Kein Gesang, kein Pfeifen kann dich locken.
Und die Sehnsucht lässt mir keine Ruh.
Ha! Ich hänge Wäsche auf, wie du!
Was ich finde. Socken, Herrensocken;
Alles andre hat die Waschanstalt.
Socken, hohle Junggesellenfüße
Wedeln dir im Winde wunde Grüße.
Es ist kalt auf dem Balkon, sehr kalt.

Und die Mädchenhöschen wurden trocken,
Mit dem Winter kam die Faschingszeit.
Aber drüben, am Balkon, verschneit,
Eisverhärtet, hingen hundert Socken.

Ihr Besitzer lebte fern im Norden
Und war homosexuell geworden.

———

Schlummerlied

Will du auf Töpfchen?
Fühlst du ein Dürstchen?
Oder ein Würstchen?

Senke dein Köpfchen.

Draußen die schwarze, kalte
Nacht ist böse und fremd.
Deine Hände falte.
Der liebe Gott küsst dein Hemd.

Gute Ruh!
Ich bin da,
Deine Mutter, Mama;
Müde wie du.

Nichts mehr sagen –
Nicht fragen –
Nichts wissen –
Augen zu.
Horch in dein Kissen:
Es atmet wie du.

Hilflose Tiere

Wenn ein Hund kotzt, soll man keinen Augenblick
Ihn dann stören,
Soll man auf ihn hören.
Töne sind Bruchstücke von Musik.

Ob geräuschvoll oder leise,
Massig oder klein bei klein –
Kann es doch die schönste Speise,
Kann es beispielsweise
Hammelkeule in Madeira sein.

Auch das Dichten ist ein Vonsichgeben.
Eisen bricht. Und alles geht vorbei,
Auch die Wolke und das Leben.
Und ein einz'ger Koch verdirbt den ganzen Brei.
Mag sich also keiner überheben,
Der auf Menschtum und Gesundheit protzt.

Wenn ein Hündchen kotzt –
Öffentlich genau so wie zu Hause –
Sollst du mit ihm leiden,
Maulkorb ihm durchschneiden;
Denn sonst wirkt der Korb wie eine Brause.

Will das Rührende dir hässlich scheinen,
Denke: Großes spiegelt sich im Kleinen.

Wirst dich doch der eignen Übelkeit
Niemals schämen.
Gönne Tieren wenigstens die Zeit,
Widerwärtiges zurückzunehmen.

Oder lass das ruhig liegen. Weil
Roheit niemals Glück bringt oder Segen.
Jeder soll vor seiner Türe fegen.
Und die Stiefelsohle ist kein Körperteil.

Der Glückwunsch

Ein Glückwunsch ging ins Neue Jahr,
Ins Heute aus dem Gestern.
Man hörte ihn sylvestern.
Er war sich aber selbst nicht klar,
Wie eigentlich sein Hergang war
Und ob ihn die Vergangenheit
Bewegte oder neue Zeit.
Doch brachte er sich dar, und zwar
Undeutlich und verlegen.

Weil man ihn nicht so ganz verstand,
So drückte man sich froh die Hand
Und nahm ihn gern entgegen.

———•———

Und keins von diesen schönen Mädchen weiß …

Und keins von diesen schönen Mädchen kann
Die Spanne seiner Flügelmacht ermessen.

Ein älterer Herr hat neben ihr gesessen,
Sie einmal angeschaut, – ein älterer Mann.

Keins dieser jungen Mädchen weiß,
Wie alte, gute Augen auf sie blicken.
Sie hören Pulse, nicht die Uhren ticken.

Ein Trainsoldat, ganz jung, – den liebt sie heiß.
Wie vieles Wünschen und Verlangen
Wird unerfüllt unmerklich weggespült.

Alt ist geworden, wer das Leben fühlt. –

Nun ja: Der ältere Herr ist dann gegangen.

Und immer neu erlebt und neu bedichtet,
Ist das wohl recht und richtig eingerichtet?

Der Herr hat höflich, still zum Hut gefasst.
Der Herr hat den Soldaten nie gehasst.

———

Herbst in der Bodega

Mich kitzelt was – – nichts Weibliches –
Im linken Nasenloche.
Ich habe ein unbeschreibliches
Wundsehnen seit einer Woche.

Ich möchte in feuchter Buntblätternatur
Gerührt sein und Trauerndes dichten.
Ich grüble. Doch was mir einfällt, sind nur
Ganz spaßhafte, dumme Geschichten.

Mein Sinn ist mild und mein Herz ist nass.
Ich suche ein träumendes Märchen.
Doch der Kellner lacht, und mich kitzelt etwas
In der Nase. Wahrscheinlich ein Härchen.

Kein Weh ergreift mich. Jetzt muss ich sogar
Noch über mich selber lachen. –
Schluss Herz! Jetzt will ich das kleine Haar
Mit dem Finger unschädlich machen.

DRITTER KLASSE

Jenem Stück Bindfaden

Bindfaden, an den ich denke,
Kurz warst du, und lang ist's her.

Ohne dich wäre das so schwer
Und hoffnungslos gewesen.

Auf der Straße von mir aufgelesen,
Halfst du mir,
Mir und meiner Frau. – Wir danken dir,
Ich und meine Frau.

Bindfaden, du dünne Kleinigkeit
Wurdest mir zum Tau. –
Damals war Hungerszeit;
Und ich hätte ohne dich in jener Nacht
Den Kartoffelsack nicht heimgebracht.

———

Frucht-Zucht-Frucht

Bananen, Melonen, Ananas – –.
Alle Früchte haben etwas –
Frei gesagt: Unanständiges,
Etwas Nuditätes an sich.
Darüber freue ich mich.
Denn das ist etwas Unbändiges.
Instinktiv oder auch bewusst
Haben wir alle daran unsre Lust.

Aber die darüber erschreckt sind,
Sich entrüsten und jemand verklagen,
Denen wollen wir andere sagen,
Dass wir schon lang nicht mehr a. A. geleckt sind.
Und das muss – wenn auch nur theoretisch –
Immer mal wieder auf Erden geschehn.
Sonst werden wir Mehlbrei und hyperästhetisch
Und werden rot, wenn wir Pfirsiche sehn.

Spielen Kinder doch …

Sahst du in der Bahn auf Reisen:
Fährt dein Spiegelbild daneben
Draußen heil durch Fels und Eisen?
Was ist Schein und was ist Leben?

Wirrgespräch von Schizophrenen –?
Und der Wirrsinn deiner Träume –?
Warum suchen wir, ersehnen
Unterschiede, Zwischenräume?

Nach dem Nichts, dem Garnichts schielen
Alle, Freude, Gleichmut, Trauer.
Aus dem Garnichts lockt ein Schauer
So und so mit fremden Spielen.

Manchmal, zwischen trocknen Zeilen:
Barmt es, winkt es oder lacht es. –

Spielen Kinder doch zuweilen
Wundersames Selbsterdachtes.

———

Entomologische Liebe

Ein Käfer, den ich kenne,
Die Goldhenne,
Spritzt einen üblen Saft.
Ich habe mir eine Betthenne –
Nein, Bettpfanne angeschafft.

Nur zur eigenen Benützung,
Nicht etwa zur Unterstützung
Dieses Käfers, der bei Tag und Nacht
Neben meinem Krankenlager steht
Und sich freut, wenn es mir nass ergeht.

Eingefangen in ein Glasgebäude
Lebt er. Ich verstehe seine Freude.
Wenn er nie in Freiheit bei mir sitzt,
So doch nur, weil er so übel spritzt.

Doch nachdem ich nun seit sieben Wochen
Ihm durchs Glas so freundlich zugesprochen,
Weiß er schon, dass ich ihn Goldfink nenne.
Wir sind Schicksalskameraden.
Demnächst will ich meine Goldhenne
Zu Bettpfannkuchen einladen.

———

Hundstagsgespräch

»Die Menschen sind Hunde
Und sie müssten uns ›Menschen‹ nennen«,
Sagte einer der Windhunde
Nach dem ersten Rennen.
»Wenn man Menschen falschen Hasen vorsetzt,
Endet der dann auch in ihrem Magen.
Aber was haben wir von dem Hasen zuletzt,
Den sie vor uns herjagen?«

»Falscher Hase hin – falscher Hase her –«
Sagte der zweite Windhund.
»Ich bin schließlich doch kein Kind und
Setze mich auf meine Art zur Wehr.«

»Wehr setzen – Wehr setzen –«
Sagte der dritte Windhund.
»Damit erreicht man nichts. Nein,
Passt auf, beim nächsten Falschenhasenhetzen
Laufe ich zunächst geschwind und
Bleibe plötzlich stehn und hebe ein Bein.«

»Bein heben oder Nichtbeinheben –
Lasset uns wenigstens sportlich rein leben«,
Sagte Hund Vier und unterbrach
Sich und lief einer Hündin nach.

———•———

Offener Antrag auf der Straße

Ich habe einen Frisiersalon.
Komm mit. Dort wollen wir knutschen.
Ich wollte, ich wäre ein Malzbonbon
Und du, du würdest mich lutschen.

Wir geben dem Lehrbub den Nachmittag frei
Und schreiben »Geschlossen bis sieben«.
Ich habe Rotwein im Laden und drei
Dicke Rosshaarsäcke zum Lieben.

Ich werde dich unentgeltlich frisiern
Und dir die Nägel beschneiden.
Du brauchst dich gar nicht vor mir geniern,
Denn ich mag dicke Fraun leiden.

Ich habe auch Schwarzbrot und Butter und Quark
Und außerdem einen großen – –
Donnerwetter, sind deine Muskeln stark!
Du, zeig mal: Was hast du für Hosen?

Wenn du dann fortgehst, bedanke dich nicht,
Sondern halt es mit meinem Freund Franke.
Der sagt immer, wenn man vom lieben Gott spricht:
»Wem's gut geht, der sagt nicht danke.«

Aus der Kundenkunde

Die Kunden kommen und gehn,
Großeltern, Eltern und Kind.
Doch wenn es schlimme sind,
Dann bleiben sie lange stehn;
Die Sekundenkunden
Sind noch nicht erfunden.

Die Kunden kaufen und zahlen,
Doch manche wollen nur Waren besehn,
Sich orientieren. Man nennt sie
»Sehleute« und »Orientalen«;
Der fleißige Kaufmann kennt sie.

Es stottern und feilschen die Kunden
Und schwatzen und lassen sich stunden.
Und stehlen sogar. Dagegen stiehlt nie
Die aristokratische Kleptomanie.

Der lockere Kunde von Beruf
Hat meistens einen Pferdehuf.

Wer seinen Kunden kündigt
Und meint, es ginge so: allein,
Selber sein eigener Kunde zu sein,
Der wird leicht vom Schicksal entmündigt.

———

Die Fliege im Flugzeug

Ich war der einzige Passagier
Und hatte – nur zum Spaße –
Eine lebende Fliege bei mir
In einem Einmachglase.

Ich öffnete das Einmachglas.
Die Fliege schwirrte aus und saß
Plötzlich auf meiner Nase
Und rieb sich die Vorderpfoten.
Das verletzte mich.
Ich pustete. Sie setzte sich
Auf das Schildchen »Rauchen verboten«.

Ich sah: Der Höhenzeiger wies
Auf tausend Meter. Ha! Ich stieß
Das Fenster auf und dachte
An Noahs Archentaube.
Die Fliege aber – ich glaube,
Sie lachte.
Und hängte sich an das Verdeck
Und klebte sehr viel Fliegendreck
Um sich herum, im Kreise,
Unmenschlicherweise.

Und als es dann zur Landung ging,
Unser Propeller verstummte,
Da plusterte das Fliegending
Sich fröhlich auf und summte.

Gott weiß, was in mir vorging,
Als solches mir durchs Ohr ging.
Ich weiß nur noch, ich brummte

Was vor mich hin. So ungefähr:
Ach, dass ich eine Fliege wär.

———•———

Mein Wannenbad

Es muss wieder mal sein.
Also: Ich steige hinein
In circa zwei Kubikmeter See.
Bis übern Bauch tut es weh.
Das Hähnchen plätschert in schamlosem Ton,
Ich atme und schnupfe den Fichtenozon,
Beobachte, wie die Strömung läuft,
Wie dann clam, langsam mein Schwamm sich besäuft.
Und ich ersäufe, um allen Dürsten
Gerecht zu werden, verschiedene Bürsten.
Ich seife, schrubbe, ich spüle froh.
Ich suche auf Ausguck
Vergebens nach einem ertrinkenden Floh,
Doch fort ist der Hausjuck.
Ich lehne mich weit und tief zurück,
Genieße schaukelndes Möwenglück.
Da taucht aus der blinkenden Fläche, wie
Eine Robinsoninsel, plötzlich ein Knie;
Dann – massig – mein Bauch – eines Walfisches Speck.
Und nun auf Wellen (nach meinem Belieben
Herangezogen, davongetrieben),
Als Wogenschaum spielt mein eigenster Dreck.
Und da auf dem Gipfel neptunischer Lust,
Klebt sich der Waschlappen mir an die Brust.
Brust, Wanne und Wände möchten zerspringen,
Denn ich beginne nun, dröhnend zu singen
Die allerschwersten Opernkaliber.

Das Thermometer steigt über Fieber,
Das Feuer braust, und der Ofen glüht,
Aber ich bin schon so abgebrüht,
Dass mich gelegentlich Explosionen –
– Wenn's an mir vorbeigeht – –
Erfreun, weil manchmal dabei was entzweigeht,
Was Leute betrifft, die unter mir wohnen.
Ich lasse an verschiedenen Stellen
Nach meinem Wunsch flinke Bläschen entquellen,
Erhebe mich mannhaft ins Duschengebraus.
Ich bück mich. Der Stöpsel rülpst sich hinaus,
Und während die Fluten sich gurgelnd verschlürfen,
Spannt mich das Bewusstsein wie himmlischer Zauber,
Mich überall heute zeigen zu dürfen,
Denn ich bin sauber. –

Humorvolle Spinner

Spinnete Köpfe, gescheit und begabt,
Weil ihr einen Pieps, einen Vogel habt,
Verlachen euch manche und meiden
Euch. Ich mag euch leiden.

Ein Piepvogel lebt so hoch und frei
Über den Filzlatschen der Spießer.

Der Spießer meint: Ein Bandwurm sei
Kein stiller Genießer.

Doch Spießermeinung ist nicht mal so wichtig
Wie das, was aus Piepvogel fällt.

Nur der, der im Kopf nicht ganz richtig
Ist, lebt sich und unterhält.

Trennung von einer Sächsin

(1928)

Ich kann dir alles verzeihn.
Aber du musst mir die Freiheit lassen,
Mich nicht mehr mit dir zu befassen.
Sächsische Quengelein,
Auch wenn man ihrer nur träumt,
Sind etwas, womit man die Zeit versäumt.

Du hast viel warmes Gemüt
Und lügst oft aus Höflichkeit.
Und auf diesem Boden blüht
Und gedeiht die Geschmacklosigkeit.

Ich weiß das genau. Denn ich bin
In Sachsen erwachsen. Das zu verschweigen
Oder deswegen mokant sich zu zeigen,
Hätte nicht – – oder nur sächsischen Sinn.

Ich kann deiner Falschheit nicht trauen.
Geh jetzt zur Ruh!
Blondhaarig mit schwarzen Brauen,
So schönes Mädchen du!

Aussichten sind unendlich weit.
Aber Sächsisch in dieser Zeit,
Eins, Neun, Zwo, Acht – – –
Gute Nacht.

Als sie dann traurig ging,
Ward mir so bang und kalt.

Gab ich ihr keinen Halt.
Armes Ding!

Entschuldigungsbrief

Mein lieber S., als ich am andern Tag
Erwachte, wusste ich nicht mehr Genaues.
Ich hab ein rotes Auge, Ruth ein blaues.
Wie sich das zugetragen haben mag!!

In meinem Anzug klebt ein Pfund Spinat.
Wie kam das nur? Ich weiß nur noch, dass Deine
Frau oder Oskars in den Spiegel trat.
Doch wer goss Hermann Suppe auf die Beine?

Ich gebe zu, dass ich den Anlass gab.
Ich war besoffen wie noch nie seit Wochen.
Verzeiht mir, was ich ge-, zer- und verbrochen
Und dass ich Fips mit Wachs beträufelt hab.

Nun sind wir alle plötzlich jäh entzweit
Und waren Freunde, die nie bessre finden.
Man sollte bei solch reicher Festlichkeit
Lieber mehr essen und sich überwinden.

Wie war die Bowle gut und der Fasan!
Vorbei. – Am liebsten würd ich mich erhängen. –
Verdammt nicht ganz den, der das Porzellan
Euch gern ersetzen will. Ohne sich aufzudrängen.

Preisaufgaben

Das Es ki mo no to ne
Besteht aus fünfmal Wort.
Und eine Kaffeebohne
Treibt niemals Pferdesport.

Man soll nicht Pferde reizen.
Ein Pferd ist keine Kuh.
Wenn Aale Beine spreizen,
Sieht niemals jemand zu.

Je mand ar in der brüs te,
Recht sauber eingehüllt,
Erregen oft Gelüste,
Die manches gern erfüllt.

Man ches ter ho sen il es –,
Geht Vieles stumpf einher.
Quatsch gibt den Dummen Vieles,
Gibt Klugen manchmal mehr.

———

Nie bist du ohne Nebendir

Nie bist du ohne Nebendir

Eine Wiese singt.
Dein Ohr klingt.
Eine Telefonstange rauscht.
Ob du im Bettchen liegst
Oder über Frankfurt fliegst,
Du bist überall gesehen und belauscht.

Gonokokken kieken,
Kleine Morcheln horcheln.
Poren sind nur Ohren.
Alle Bläschen blicken.

Was du verschweigst,
Was du den Andern nicht zeigst,
Was dein Mund spricht
Und deine Hand tut,
Es kommt alles ans Licht.
Sei ohnedies gut.

———

Zu einem Geschenk

Ich wollte dir was dedizieren,
Nein schenken; was nicht zu viel kostet.
Aber was aus Blech ist, rostet,
Und die Messinggegenstände oxidieren.
Und was kosten soll es eben doch.
Denn aus Mühe mach ich extra noch
Was hinzu, auch kleine Witze.
Wär bei dem, was ich besitze,
Etwas Altertümliches dabei – –
Doch was nützt dir eine Lanzenspitze!
An dem Bierkrug sind die beiden
Löwenköpfe schon entzwei.
Und den Buddha mag ich selber leiden.
Und du sammelst keine Schmetterlinge,
Die mein Freund aus China mitgebracht.
Nein – das Sofa und so große Dinge
Kommen überhaupt nicht in Betracht.
Außerdem gehören sie nicht mir.
Ach, ich hab die ganze letzte Nacht
Rumgegrübelt, was ich dir
Geben könnte. Schlief deshalb nur eine,
Allerhöchstens zwei von sieben Stunden,
Und zum Schluss hab ich doch nur dies kleine,
Lumpige beschissne Ding gefunden.
Aber gern hab ich für dich gewacht.
Was ich nicht vermochte, tu du's: Drücke du
Nun ein Auge zu.
Und bedenke,
Dass ich dir fünf Stunden Wache schenke.
Lass mich auch in Zukunft nicht in Ruh'.

So kann ein Wiedersehn sein

So kann ein Wiedersehn sein,
Dass Augenpaare tief einander messen.

»Lang, lang ist's her. Und doch
Hast du mich nicht – konnt ich dich nicht –
Vergessen.«

Froh war es einst. – Hat wenig sich bewährt. –
Viel starb vom Wenig. – Alte Bäume rauschen
Und neigen sich vornander ernst und lauschen
Wie Kinder einem Märchen, aber abgeklärt.
Denn was geschah, das muss wohl so geschehn sein.

Nun ist's, als rückten wir, ohn Worte, ohne Tat,
Enger zusammen, wie zu einem Skat,
Aber erlebt, erliebt! – So soll ein Wiedersehn sein.

———

Freundschaft

Erster Teil

Es darf eine Freundschaft formell sein,
Muss aber genau sein.
Eine Freundschaft kann rau sein,
Aber muss hell sein.

Denn Allzusprödes versäumt oder verdirbt
Viel. Weil manchmal der Partner ganz plötzlich stirbt.

Mehr möchte ich nicht darüber sagen.
Denn ich sitze im Speisewagen
Und fühle mich aus Freundschaft wohl
Bei »Gedämpfter Ochsenhüfte mit Wirsingkohl«.

Freundschaft

Zweiter Teil

Die Liebe sei ewiger Durst.
Darauf müsste die Freundschaft bedacht sein.
Und, etwa wie Leberwurst,
Immer neu anders gemacht sein.

Damit man's nicht überkriegt.
Wer einmal den Kanal
Überfliegt,
Merkt: Der ist soundso breit.
Und das ändert sich kaum
In menschlein-absehbarer Zeit.
Wohl aber kann man dies Zwischenraum
Schneller oder kürzer durchqueren.
Wie? Das muss die Freundschaft uns lehren.

Ach, man sollte diesen allerhöchsten Schaft
Immer wieder einmal jünglingshaft
Überschwänglich begießen.
Eh uns jener ausgeschlachtete Knochenmann dahinrafft.

———•———

Einer meiner Bürsten

Deine Borsten wurden weiche Haare,
Meine drohen auszugehn.
Zweimal im Verlauf der dreißig Jahre
Hab ich dich bewundernd angesehn.

Einmal, als du ganz neu warst,
Und jetzt, da mein Zufall sich besinnt,
Dass die Zeit verrinnt und das Gefühl gerinnt. – –
Drei Jahrzehnt, in denen du mir treu warst.

Gibt sich Treue uns so zum Bequemen,
Dass wir sie als selbstverständlich nehmen,
Dann steht's schlimm.

Schäme ich mich, einen Bart zu küssen,
Der jahrzehntelang meinen Dreck hat küssen müssen?

Alte Kleiderbürste, Küsschen! Nimm!

Kleines Gedichtchen

Kleines Gedichtchen,
Ziehe denn hinaus!
Mach ein lustiges Gesichtchen.
Merke dir aber mein Haus.

Geh ganz langsam und bescheiden
Zu ihr hin, klopf an die Tür,
Sag, ich möchte sie so leiden,
Doch ich könnte nichts dafür.

Antwort, nein, bedarf es keiner.
Sprich nur einfach überzeugt.
Dann verbeug dich, wie ein kleiner
Bote schüchtern sich verbeugt.

Und dann, kleines Gedichtchen du,
Sag noch sehr innig: »Geruhsame Ruh«.

———

Brief in die Sommerfrische

Ich habe so Sehnsucht nach Dir.
Weil alles so gut steht
Auf unserem Gemüsebeet.
Und du bist in England. Nicht hier
Bei mir.
Frau heißt auf Englisch »wife«;
Muss man, um das zu lernen,
Sich so weit und so lange entfernen?

Bei uns ist alles Gemüse reif.
Meinst du, dass ich das allein
Esse? Kommt gar nicht in Frage.
Und so vergehen die Tage.
Könnte doch zu zweit so billig sein.

Bis August und noch September vergeht,
Ist alles verfault auf dem Beet.
Aber Englisch ist wichtiger als Gemüse,
Das es schließlich auch in Büchsen gibt.
Und ich gönne Dir das alles sehr. Grüße Dich!
　　Dein Mann (einsam in Dich verliebt).

Essen ohne dich

Ich habe mich hungrig gefühlt,
Doch fast nichts gegessen.
War alles lecker, das Bier so schön gekühlt –
Aber: Du hast nicht neben mir gegessen.

Verzeihe: Ich stellte mir vor,
Dass das ewig so bliebe,
Wenn du vor mir – –
Ach was geht über Liebe?!!

Muss ich nun doch
Ein paar Tage noch
Fressen, ohne Lust; o das hass ich. –
Aber wenn du von der Reise
Heimkehrst, weiß ich, dass ich
Wieder richtig speise.

Privat-Telegramm

Unsere Kasse darf leer sein.
Doch dein Herz darf nicht schwer sein.

Jedes entschlüpfte harte Wort
Von mir, – streichle du sofort!
Und rate mir in gleichem Sinn!!!

Jedes Schmollschweigen tobt ohne Sinn
Hetzerisch durch die Brust.
Ärger ist stets Verlust,
Und Verzeihung ist immer Gewinn.

Unsrer beider Herzen mögen schwer sein
Durch gemeinsames Missgeschick.
Aber keine Stunde zwischen uns darf liebeleer sein.

Denn ich liebe dich durch dünn und dick.

In Betrachtung eines Teppichs

Schön bist du, obwohl abgetreten,
Viele Füße gingen hin und her
Und kreuz und quer
Über dich. –

Bei Tapeten
Kommt das nicht vor (ist zu schwer).

Wechselnd saugen sie an dir, schlagen
Und trampeln dich bei Tag und bei Nacht.
Und du hast so viel Behagen
In diese Wohnung gebracht.

Mich interessiert nicht, wer dich gewebt
Hat, wo du geboren bist.
Mich interessiert nur, was in dir lebt. –
Dein Leben ist Zwist.

Ich fühle mich selber so ausgerollt
Ein Langeslang beschritten.
Nun das hat mein Schicksal so gewollt.

So wird auch ein Sattel zerritten.
So bleicht auch Farbe. So schrumpft die Wand.

Teils leuchtend, teils verschlissen,
Dienst du. –

Hast du – – Hat ein Gegenstand
Wohl ein Gewissen? – ? – ?

Freundestreue

Wenn sich zwei so recht verstehn,
Ihr Vertraun sich schenken
Und, wohin sie auch immer gehn,
Stets einander gedenken,

Wenn nicht Ruhm vermag noch Pracht,
Ihre Treue zu trüben,
Jeder allezeit nur bedacht,
Heißer den Freund zu lieben,

Wenn sich solche Freundschaft hält
Durch ein ganzes Leben:
Kann es wohl auf dieser Welt
Etwas Schöneres geben?

Immer preis' in Ernst und Scherz
Ich dich wieder aufs Neue,
Die du tröstest und stärkst das Herz,
Heilige Freundestreue!

———

ALLEIN ZU ZWEIN

Begegnung

So viele schöne Pfirsiche sind,
in die niemand beißt.

Die Gier kann auch ein verschämtes Kind
Sein. Was du nicht weißt.
Ohne Lüge kann ich mancherlei
Dir sagen, klänge dir wie Gold.

Doch zeigte ich mein Wahrstes ganz frei,
Wärest du mir nicht mehr hold.

Mädchen versäume dich nicht
Und hüte dich vor List!
Ich aber träume dich,
Wie du gar nicht bist.

—◆—

Fluidum

Von Auge zu Auge wogen
Moleküle Gefühle,
Ehe das Auge sieht,
Ehe sich das Gesicht
Zur Miene verzieht,
Ehe der Mund verlogen
Oder verlegen spricht.

Wenn sie genauer erkennend sich
Verachten oder hassen – – –

Müssten zwei Höflinge eigentlich
Wortlos einander verlassen.

Aber wenn jene zarten Fluiden
Kampfredlich oder in Frieden
Im Begegnen
Einander segnen – – –

Ist es denn irgendwie schlimm,
Wenn zwei Menschen, die sich leiden
Können, ohne Wort, ohne Nimm
Und ohne Gib
Bald wieder vonander scheiden?
»Den oder die habe ich lieb.«

Wupper-Wippchen

Als in Elberfeld wir in der Schwebebahn
Runter auf das Wupperwasser sahn
Und dann plötzlich unsre Blicke hoben
Gen einander ins Gesicht,
Hätten wir uns eigentlich verloben
Können. – Doch wir taten's nicht.
Weil man manchmal in der Schwebe Schweigen
Vorzieht. Um bald wieder auszusteigen.

Schöne Frau mit schönen Katzen

Schöne Fraun und Katzen pflegen
Häufig Freundschaft, wenn sie gleich sind.
Weil sie weich sind
Und mit Grazie sich bewegen.

Weil sie leise sich verstehen,
Weil sie selber leise gehen,
Alles Plumpe oder Laute
Fliehen und als wohlgebaute
Wesen stets ein schönes Bild sind.

Unter sich sind sie Vertraute,
Sie, die sonst unzähmbar wild sind.

Fell wie Samt und Haar wie Seide.
Allverwöhnt. – Man meint, dass beide
Sich nach nichts als danach sehnen,
Sich auf Sofas schön zu dehnen.

Schöne Fraun mit schönen Katzen,
Wem von ihnen man dann schmeichelt,
Wen von ihnen man gar streichelt,
Stets riskiert man, dass sie kratzen.

Denn sie haben meistens Mucken,
Die zuletzt uns andre jucken.
Weiß man recht, ob sie im Hellen
Echt sind oder sich verstellen?

Weiß man, wenn sie tief sich ducken,
Ob das nicht zum Sprung geschieht?
Aber abends, nachts, im Dunkeln,

Wenn dann ihre Augen funkeln,
Weiß man alles oder flieht
Vor den Funken, die sie stieben.

Doch man soll nicht Fraun, die ihre
Schönen Katzen wirklich lieben,
Menschen überhaupt, die Tiere
Lieben, dieserhalb verdammen.

Sind Verliebte auch wie Flammen.
Zu- und ineinander passend,
Alles Fremde hassend.

Ob sie anders oder so sind,
Ob sie männlich, feminin sind,
Ob sie traurig oder froh sind,
Aus Madrid oder Berlin sind,
Ob sie schwarz, ob gelb, ob grau –

Auch wer weder Katz noch Frau
Schätzt, wird Katzen gern mit Frauen,
Wenn sie beide schön sind, schauen.

Doch begegnen Ringelnatzen
Hässlich alte Fraun mit Katzen,
Geht er schnell drei Schritt zurück.
Denn er sagt: Das bringt kein Glück.

———

Schöne Frau ging vorbei

Eine Falte in deinem Kleid
Hat wie eine Woge geschaukelt,
Hat Träume mir vorgegaukelt:
Wie schön ihr seid, wie ihr seid.

Einer Woge glich diese Falte,
Von deinem Atem aufgewühlt.
Und trotzig hat diese kalte
Welle dein warmes Fleisch umspült.

Es glätten keine Bedenken solch
Bezaubernd wogende Faltung.
Ich ging an dir vorbei, wie ein Strolch
An einer städtischen Verwaltung.

———

Vor einem Kleid

Karo ist in deinem Kleid,
Eine ganze Masse
Karo-Asse.

Wieviel Karos ihr wohl seid
In dem Kleid? – Das Kleid ist nett.

Karos sind im armen Bett.

Nun ich habe nicht gezählt,
Wenn mich auch die Frage,
Wieviel es wohl sind, doch quält.
(Immer wieder seh ich hin.)

Weil ich männlich bin,
Rock und Hose trage,
Passt solch Muster nicht für mich.
Karo ist zu munter.

Aber ich bestaune dich,
Fremdes Mädchen, hübsche Maid.
Karo ist in deinem Kleid.

Ist ein Cœur darunter?

Passantin

So schöner Wuchs! So schöne Haut!
So schöne Hände, schöne Haare.
Ganz Frauenanmut. – Und für wen gebaut?
Und für wie viele Jahre?

Aus Worten, Augen streichelt mich ein Geist,
Der mir gefällt und heimlich schön verspricht.
Für mich so schön, vielleicht für Andre nicht. –
Was nützt es mir, da es vorüberreist.

Und nützt mir doch, kann meine Phantasie
Versagtes in Konvexes übertragen. –

Die Wolke, die dich labt, du fängst sie nie;
Sie hört dich nicht und du kannst ihr nichts sagen.

———————

Gnädige Frau, bitte trösten Sie mich

Gnädige Frau, bitte trösten Sie mich
Über mein inneres Grau.
Das ist kein Scharwenz um ein Liebedich. –
Gnädige Frau, seien Sie gnädige Frau.

Mein Herz ward arm, meine Nacht ist schwer,
Und ich kann den Weg nicht mehr finden. –
Was ich erbitte, bemüht Sie nicht mehr,
Als wenn Sie ein Sträußchen binden.

Es kann ein Streicheln von euch, ein Hauch
Tausend drohende Klingen verbiegen.

Gnädige Frau,
Euer Himmel ist blau!

Ich friere. Es ist so lange kein Rauch
Aus meinem Schornstein gestiegen.

———•———

Nahm mich mit in ihrem Auto

Pfirsich-rauh
War diese Frau – –

Sind wir so nach Jahren,
Schwatzend in Erinnerung,
Sie am Steuer, ich im Schwung,
Völlig falsch gefahren.

Autofahrt, die Fahrgeld spart
Und mich doch – zu rasch – dorthin,
Wohin ich musste, brachte –

Ob ich wohl ein Esel bin,
Weil ich zu dem Pfirsich-rauh
Weniger tat als dachte!?!

An Gabriele B.

Schenk mir dein Herz für vierzehn Tage,
Du weit ausschreitendes Giraffenkind,
Auf dass ich ehrlich und wie in den Wind
Dir Gutes und Verliebtes sage.

Als ich dich sah, du lange Gabriele,
Hat mich ein Loch in deinem Strumpf gerührt,
Und ohne dass du's weißt, hat meine Seele
Durch dieses Loch sich bei dir eingeführt.
Verjag sie nicht und sage: »Ja!«
Es war so schön, als ich dich sah.

Ich habe dich so lieb

Ich habe dich so lieb!
Ich würde dir ohne Bedenken
Eine Kachel aus meinem Ofen
Schenken.

Ich habe dir nichts getan.
Nun ist mir traurig zumut.
An den Hängen der Eisenbahn
Leuchtet der Ginster so gut.

Vorbei – verjährt –
Doch nimmer vergessen.
Ich reise.
Alles, was lange währt,
Ist leise.

Die Zeit entstellt
Alle Lebewesen.
Ein Hund bellt.
Er kann nicht lesen.
Er kann nicht schreiben.
Wir können nicht bleiben.

Ich lache.
Die Löcher sind die Hauptaufgabe
An einem Sieb.

Ich habe dich so lieb.

Abschied von Renée

Wann sieht ein Walfisch wohl je
Ein Reh? –
Ach du! Renée!
Und führen wir zusammen zur See,
Wir landeten bei den Wilden. –
Sag: Ist es nicht noch schöner, in Schnee
Als in Erde zu bilden?
Und sei auch kein Fuß an dem Sinn;
Es schweben auf tanzender Melodie
Zwei Federn einer Indianerin
Fort, fort in die weite Prärie.
Ade Renée!
Wie dunkelschön war unser Dach,
Als leise wir viere
Zusammenrückten vor Blitz und Krach. –
Ich streichle euch guten Tiere,
Nun ich geh.
Mit ist so dienstmädchen-donnerstagweh,
Weil ich nun weiterfahre.
Und ich war hundert Jahre
Mit dir zusammen,
Renée.

Ich tanzte mit ihr

Als Reiter die Steppe durchjagen –
Wandern in Schritten, ersungen aus gleichem Gefühl,
Oder mit Kühnheit gespannt den Wagen
Lenkend durch Gefahren und Straßengewühl –
Mit der Schaukel hinauf und hernieder,
Treibend im Boote über die Wellen gewiegt,
Mit dem Schlitten zu Tal. Und dann wieder
Auf, wie die Möwe dem Winde entgegen fliegt.

Und das alles allzumal
Genossen wir tanzend im Saal.
In uns kreiste das Blut und der Wein,
Um uns ein Fest mit Wänden und Händen,
Gesichtern, Lichtern und Gegenständen.
Wir standen in dem Ringelreihn
Eigentlich ganz allein,
Ein Mensch aus zwein.

Mein Riechtwieich

Gutes Bettchen du!
Ich gehe jetzt in dich. Gute Nacht!
Wünsche angenehme Ruh. –
Und auf einmal ist's wieder früh,
Bin ich wieder aufgewacht,
Habe dich nass gemacht –
Herzeleid – Pupo – Pipü.

Bett, ich falle in dich, du mein Bett.
Ich will nichts mehr wissen.
Sticke mich tot mit Gänsekissen.
Ich pfeife auf Schweinskotelett
Und Schutzmann und Feuer im Haus;
Mir ist alles egal.
Eigentlich müsste ich noch einmal –
Aber ich zwing's heute nicht.
Bitte – lie Bett – puste das Licht –

Altes Bettchen, hallo!
Wir brechen in dich hinein;
Ja schau nur: Zu zwein!
Nun knurre, knarre nicht so.
Heute geht's stürmisch zu.
Anna, komm doch! Ich friere. Huhu!
Möge uns Gott verzeihn.
Aber das wissen nur Anna und ich und du.

Bettchen, wo fährst du denn hin??
Nun gut, fahr immer zu.
Im Kreise und auf die Reise.
Nach Afrika. Wir besuchen ein Gnu.

Gute Nacht, Anna, ich bin –
Müde bin ich Känguru.

———

Ferngruß von Bett zu Bett

Wie ich bei dir gelegen
Habe im Bett, weißt du es noch?
Weißt du noch, wie verwegen
Die Lust uns stand? Und wie es roch?

Und all die seidenen Kissen
Gehörten deinem Mann.
Doch uns schlug kein Gewissen.
Gott weiß, wie redlich untreu
Man sein kann.

Weißt du noch, wie wir's trieben,
Was nie geschildert werden darf?
Heiß, frei, besoffen, fromm und scharf.
Weißt du, dass wir uns liebten?
Und noch lieben?

Man liebt nicht oft in solcher Weise.
Wie fühlvoll hat dein spitzer Hund bewacht.
Ja unser Glück war ganz und rasch und leise.
Nun bist du fern.
Gute Nacht.

———

Schroffer Abbruch

Lass mich doch allein,
Bitte, bitte!
Meine Schritte
Sind deinen zu klein.

Merkst du denn nicht,
Was höfliche Worte sind?

Deine Blicke stellen sich blind.
Was aus dir spricht,
Ist nur Angst und die Sucht,
Fremdes zu gewinnen.

Jemand, vor sich selbst auf der Flucht,
Findet nicht Ruhe,
Sich zu besinnen,
Vergisst die Tat vor Getue.
Du kannst dich selbst nicht ertragen,
So schwach bist du.

Blicke ein Jahr lang nur in die Höh
Und höre nur Stillem zu.
Mehr kann ich dir nicht sagen.
Adieu!

Letztes Wort an eine Spröde

Wie ich bettle und weine –
Es ist lächerlich.
Schließe deine Beine!
Ich liebe dich.

Schließe deine Säume
Oben und unten am Rock.
Was ich von dir träume
Träumt ein Bock.

Sage: Ich sei zu dreist.
Zieh ein beleidigtes Gesicht.
Was »Ich liebe dich« heißt,
Weiß ich nicht.

Zeige von deinen Beinen
Nur die Konturen kokett.
Gehe mit einem gemeinen,
Feschen Heiratsschwindler zu Bett.

Finde ich unten im Hafen
Heute ein hurendes Kind,
Will ich bei ihr schlafen;
Bis wir fertig sind.

Dann: – die Türe klinket
Leise auf und leise zu.
Und die Hure winket –
Glücklicher als du.

Umarm ihn nicht

Umarme den, der dir gefällt.
Vorbei ist er dir leicht verloren.

Ich nehme an, dein Geist hat Ohren,
Zu hören, was man von dir hält.

Umarme ihn, wenn eine Glut
Dich vorwärtsdrängt, ihn zu begrüßen.

Dann leg ihm deinen Mut zu Füßen.
Und mache kein Geschäft. – Sei gut.

Du warst zu dreist, wenn du nicht lesen
Kannst, ob ihn die Umarmung freut.

Ich bin auch mehrmals so in Glut gewesen
Und hielt mich still. Hab mich gescheut
Und hab Versäumtes hinterher bereut.

Und glaube doch: Wir brauchen weite Fernen,
Einander wahr und rein kennenzulernen.

Klein-Dummdeifi

Klein-Dummdeifi ging vorüber,
Witzig wie ein Nasenstüber.
Doch ihr schnippisches Geschau
Spielte Hochmut und verneinte,
Ungefragt, was ich nicht meinte,
Sah in mir nur »Kerl zur Frau«.

Dass ich beinah um sie weinte,
Ahnt sie nicht. Ihr eignes, scheues
Proletarisch, tierisch treues
Abwehr-Notgesicht
Kennt sie nicht.

Hab mit ihr nicht angebandelt,
Liebte, schwieg und ging.

Klein-Dummdeifi, junges Ding!
Du und ich! – Die Zeit verwandelt.

Ob auch mir jemals jemand begegnete,
Der mich dumm fand und doch segnete? –

Das Mädchen mit dem Muttermal

Chanson

Woher sie kam, wohin sie ging,
Das hab ich nie erfahren.
Sie war ein namenloses Ding
Von etwa achtzehn Jahren.
Sie küsste selten ungestüm.
Dann duftete es wie Parfüm
Aus ihren keuschen Haaren.

Wir spielten nur, wir scherzten nur;
Wir haben nie gesündigt.
Sie leistete mir jeden Schwur
Und floh dann ungekündigt,
Entfloh mit meiner goldnen Uhr
Am selben Tag, da ich erfuhr,
Man habe mich entmündigt.

Verschwunden war mein Siegelring
Beim Spielen oder Scherzen.
Sie war ein zarter Schmetterling.
Ich werde nie verschmerzen,
Wie vieles Goldene sie stahl,
Das Mädchen mit dem Muttermal
Zwei Handbreit unterm Herzen.

—•—

Ansprache eines Fremden an eine Geschminkte
vor dem Wilberforcemonument

Guten Abend, schöne Unbekannte! Es ist nachts halb zehn.
Würden Sie liebenswürdigerweise mit mir schlafen gehn?
Wer ich bin? – Sie meinen, wie ich heiße?

Liebes Kind, ich werde Sie belügen,
Denn ich schenke dir drei Pfund.
Denn ich küsse niemals auf den Mund.
Von uns beiden bin ich der Gescheitre.
Doch du darfst mich um drei weitere
Pfund betrügen.

Glaube mir, liebes Kind:
Wenn man einmal in Sansibar
Und in Tirol und im Gefängnis und in Kalkutta war,
Dann merkt man erst, dass man nicht weiß, wie sonderbar
Die Menschen sind.

Deine Ehre, zum Beispiel, ist nicht dasselbe
Wie bei Peter dem Großen L'honneur. –
Übrigens war ich – (Schenk mir das gelbe
Band!) – in Altona an der Elbe
Schaufensterdekorateur. –

Hast du das Tuten gehört?
Das ist Wilson Line.

Wie? Ich sei angetrunken? O nein, nein! Nein!
Ich bin völlig besoffen und hundsgefährlich geistesgestört.
Aber sechs Pfund sind immer ein Risiko wert.
Wie du misstrauisch neben mir gehst!
Wart nur, ich erzähle dir schnurrige Sachen.

Ich weiß: Du wirst lachen.
Ich weiß: Dass sie dich auch traurig machen.
Obwohl du sie gar nicht verstehst.

Und auch ich –
Du wirst mir vertrauen – später, in Hose und Hemd.
Mädchen wie du haben mir immer vertraut.

Ich bin etwas schief ins Leben gebaut.
Wo mir alles rätselvoll ist und fremd,
Da wohnt meine Mutter. – Quatsch! Ich bitte dich:
   Sei recht laut!

Ich bin eine alte Kommode.
Oft mit Tinte oder Rotwein begossen;
Manchmal mit Fußtritten geschlossen.
Der wird kichern, der nach meinem Tode
Mein Geheimfach entdeckt. –
Ach Kind, wenn du ahntest, wie Kunitzburger
   Eierkuchen schmeckt!

Das ist nun kein richtiger Scherz.
Ich bin auch nicht richtig froh.
Ich habe auch kein richtiges Herz.
Ich bin nur ein kleiner, unanständiger Schalk.
Mein richtiges Herz. Das ist anderwärts, irgendwo
Im Muschelkalk.

Alter Mann spricht junges Mädchen an

Guten Tag! – Wie du dich bemühst,
Keine Antwort auszusprechen.
»Guten Tag« in die Luft gegrüßt,
ist das wohl ein Sittlichkeitsverbrechen?

Jage mich nicht fort.
Ich will dich nicht verjagen.
Nun werde ich jedes weitere Wort
Zu meinem Spazierstock sagen:

Sprich mich nicht an und sieh mich nicht,
Du Schlankes.
Ich hatte auch einmal ein so blankes,
Junges Gesicht.

Wie viele hatten,
Was du noch hast.
Schenke mir nur deinen Schatten
Für eine kurze Rast.

———

Was willst du von mir?

Möchtest du meine Frau werden,
Da meine Haare schon grau werden,
Schon größtenteils sind?
Möchtest du über mich lachen?
Soll ich dir Freude machen?
Oder ein Kind?

Willst du die Peitsche spüren?
Soll ich dich ausführen?
Brauchst du Geld oder einen Rat?
Willst du nur mit mir spielen?
Oder gefielen oder missfielen
Dir Taten, die ich tat?

Warum bist du so still?
Soll ich dich beklagen?
Sag doch einmal: »Ich will … …«
Oder sonst ein deutliches Wort. –
Soll ich dich verjagen?

Ja. Geh zu!
Nein! – Du!
Bitte, bitte, geh nicht fort!

Mein erste Liebe?

Erste Liebe? Ach, ein Wüstling, dessen
Herz so wahllos ist wie meins, so weit,
Hat die erste Liebe längst vergessen,
Und ihn interessiert nur seine Zeit.

Meine letzte Liebe zu beschreiben,
Wäre just so leicht wie indiskret.
Außerdem? Wird sie die letzte bleiben,
Bis ihr Name in der »Woche« steht?

Meine Abenteuer in der Minne
Müssen sehr gedrängt gewesen sein.
Wenn ich auf das erste mich besinne,
Fällt mir immer noch ein frühres ein.

———

Gedicht in Bi-Sprache

Ibich habibebi dibich,
Lobittebi, sobi liebib.
Habist aubich dubi mibich
Liebib? Neibin, vebirgibib.

Nabih obidebir febirn,
Gobitt seibi dibir gubit.
Meibin Hebirz habit gebirn
Abin dibir gebirubiht.

Straßenerlebnisse

Mir ist wieder manches begegnet.
Es hat Bindfaden geregnet.
Das Wasser bepinkelte Straßen und Gassen,
Und ein verregneter Sprengwagenlenker
Fluchte den Regenmacher zum Henker.
Das sollte ein Sprengwagenlenker
Doch lieber unterlassen.

Vor einer grüngekleideten Maid
Blieb ich begeistert stehn.
Sie sagte: Ich möchte weitergehn.
Das tat ich.
Ob Mann, ob Frau, im grünen Kleid
Sind beide stets sympathisch.
Im zweiten Fall war ich sehr kühl,
Denn ich entscheide nach Gefühl,
Und mit einer Frau mit konkaven
Popo
Geh ich nun einmal nicht schlafen,
No, no!

Du, meine Frau, wirst mich verstehen

Reiseabschied von der Frau

Nun wechselt mir die Welt.
Und andre Leute lenken
Mein Handeln und mein Denken.
Und ich bin einzeln hingestellt,
Bin frei und ohne Frau.

Wie schön! – So es vorübergeht!!
Weil wir einander so genau
Durchkennen und – –

Ein Wind, der weht,
Gewitter funkt,
Weil Neues Altes säubern muss.

Mein letztes Lebewohl, ein Kuss.
Ist nur, wie in der Schrift, ein Punkt.
Bestehendes,
Sei's Stein, braucht Fluss,
Braucht Wehendes.

Ehebrief

Nun zeigt ein Brief, dass ich zu lange
Nicht sonderlich zu dir gewesen bin.
Ich nahm das Gute als Gewohntes hin.
Und ich vergaß, was ich verlange.

Verzeihe mir. – Ich weiß, dass fromme
Gedanken rau gebettet werden müssen.
Ich danke jetzt. – Wenn ich nach Hause komme,
Will ich dich so wie vor zehn Jahren küssen.

———

Über meinen gestrigen Traum

Wie kam ich gerade auf ein Gestirn?
Du sagst: Ich stöhnte träumend ganz laut.
Vielleicht steigt die ins Hirn,
Wenn der Magen verdaut.

Man sollte kurz vorm Schlafengehen
Nichts essen. Auch war ich gestern bezecht.
Doch warum träume ich immer nur schlecht,
Nie gut. Das kann ich nicht verstehen.

Ob auf der Seite, ob auf dem Rücken
Oder auf dem Bauch – –
Immer nur Schlimmes. »Alpdrücken.«
Aber Name ist Schall und Rauch.

Meist von der Schule und vom Militär – –
Als ob ich schuldbeladen wär – –
Und wenn ich aufwache, schwitze ich
Und manchmal knie ich oder sitze ich,
Du weißt ja, wie neulich!
Oh, es ist greulich!

Warum man das überhaupt weitererzählt?
Hat doch niemand Vergnügen daran,
Weil man da freiheraus lügen kann. –
Aber so ein Traum quält.

Gestern hab ich noch anders geträumt:
Da waren etwa hundert Personen.
Die haben die Dachwohnung ausgeräumt,
Wo die Buchbinders wohnen.

Dann haben wir auf dem Dachsims getanzt.
Dann hast du mich, sagst du, aufgeweckt,
Und ich, sagst du, sagte noch träumend erschreckt:
»Ich habe ein Sternschnüppchen gepflanzt.«

Ich weiß nur noch: ich war vom Dach
Plötzlich fort und bei dir und war wach.
Und du streicheltest mich wie ein Püppchen
Und fragtest mich – ach, so rührend war das –,
Fragtest mich immer wieder: »Was
Hast du gepflanzt!? Ein Sternschnüppchen?«

Die Freundin bringt mich ihrem Mann

Es sollte eigentlich nicht fraglich,
Nicht anders als zuvor geschildert sein.
Und dennoch ist das unbehaglich
So unter drein.

Mir zagt die Wahrheit. Ach es kann
Schön sein: zwei Frauen und ein Mann.
Gefällt es umgekehrt mir nicht,
Weil Selbstsucht spricht?

Gib frei und gleich dich zu erkennen.
Die Stunde ließ sich nicht vermeiden.
Was wir verdientes Schicksal nennen,
Wird richtig fügen oder scheiden.

Die Einigkeit der Meerestropfen
Ist eine Macht. Macht Herzen klopfen.
Wenn sie im Prall auch auseinanderstieben,
Was sagt's? Wer weiß, ob sich die Tropfen lieben.

———

An M.

Der du meine Wege mit mir gehst,
Jede Laune meiner Wimper spürst,
Meine Schlechtigkeiten duldest und verstehst –
Weißt du wohl, wie heiß du oft mich rührst?

Wenn ich tot bin, darfst du gar nicht trauern.
Meine Liebe wird mich überdauern
Und in fremden Kleidern dir begegnen
Und dich segnen.

Lebe, lache gut!
Mache deine Sache gut!

… als eine Reihe von guten Tagen

Wir wollen uns wieder mal zanken,
Auf etwas hacken wie Raben,
Dass unsre zufriednen Gedanken
Eine Ablenkung haben.

Wir wollen irgendein harmloses Wort
Entstellen,
Dann uns verleumden und zum Tort
Etwas tun; das schlägt dann Wellen.

Wir wollen Dritte aufzuhetzen
Versuchen,
Dann unsere Freundschaft verfluchen,
Einmal sogar ein Messer wetzen,
Dann aber uns – in Blickweite –

Auseinander zusammensetzen,
Um superior jedem weiteren Streite
Auszuweichen;
Mit dem Schwur beiseite:
Uns nimmermehr zu vergleichen.

Dann wollen wir, jeder mit Ungeduld,
Ein paar Nächte schlecht träumen,
Dann heimlich eine gewisse Schuld
Dem Anderen einräumen,
Dann lächeln, dann seufzen, dann stöhnen,
Dann plötzlich uns gründlich bezechen,
Leben sprechen.

Und dann uns wieder einmal versöhnen.

Ein Liebesnacht-Wörtchen

Ja – – ja! – – ja!! – – ja!!! – –
Du hast so süße Höschen.
Nun sind wir allein. Und es ist Nacht.
Ach hätte ich dir doch ein Röschen
Mitgebracht.

———

Frohe, sich besinnende Stunde

Mein Magen knurrt,
Wie Ferngewitter grollen.
Die Katze schnurrt.
Was wohl solche Geräusche wollen?

Ich habe Geld. Ich habe Appetit.
Ich bin gesund und hab die Lust im Herzen,
Mit meiner Frau ganz kindisch dumm zu scherzen,
Auch wenn die seriöse Welt zusieht.

Ich brauche kein Klistier.
Und was mir Freunde tun und sagen – –
Oh, ist Gott gut zu mir!
Wie soll ich das ertragen.

———

AUFGEBUNG

Der Abenteurer

»Abenteurer, wo willst du hin?«

Quer in die Gefahren,
Wo ich vor tausend Jahren
Im Traume gewesen bin.

Ich will mich treiben lassen
In Welten, die nur ein Fremder sieht.
Ich möchte erkämpfen, erfassen,
Erleben, was anders geschieht.

Ein Glück ist niemals erreicht.
Mich lockt ein fernstes Gefunkel,
Mich lockt ein raunendes Dunkel
Ins nebelhafte Vielleicht.

Was ich zuvor besessen,
Was ich zuvor gewusst,
Das will ich verlieren, vergessen. –
Ich reise durch meine eigene Brust.

———

Ehrgeiz

Ich habe meinen Soldaten aus Blei
Als Kind Verdienstkreuzchen eingeritzt.
Mir selber ging alle Ehre vorbei,
Bis auf zwei Orden, die jeder besitzt.

Und ich pfeife durchaus nicht auf Ehre.
Im Gegenteil. Mein Ideal wäre,
Dass man nach meinem Tod (grano salis)
Ein Gässchen nach mir benennt, ein ganz schmales
Und krummes Gässchen, mit niedrigen Türchen,
Mit steilen Treppchen und feilen Hürchen,
Mit Schatten und schiefen Fensterluken.

Dort würde ich spuken.

———•———

Aufgebung

Ich lasse das Schicksal los.
Es wiegt tausend Milliarden Pfund:
Die zwinge ich doch nicht, ich armer Hund.

Wie's rutscht, wie's fällt,
Wie's trifft – so warte ich hier. –
Wer weiß denn vorher, wie ein zerknittertes Zeitungspapier
Weggeworfen im Wind sich verhält?

Wenn ich noch dem oder jener (zum Beispiel dir)
Eine Freude bereite,
Was will es dann heißen: »Er starb im Dreck«? –
Ich werfe das Schicksal nicht weg.
Es prellt mich beiseite.

Ich poche darauf: Ich war manchmal gut.
Weil ich sekundenlang redlich gewesen bin. –
Ich öffne die Hände. Nun saust das Schicksal dahin.
Ach, mir ist ungeheuer bange zumut.

———

Die sonnige Kinderstraße

Meine frühe Kindheit hat
Auf sonniger Straße getollt;
Hat nur ein Steinchen, ein Blatt
Zum Glücklichsein gewollt.

Jahre verschwelgten. Ich suche matt
Jene sonnige Straße heut,
Wieder zu lernen, wie man am Blatt,
Wie man am Steinchen sich freut.

———•———

Wo ist der Mensch,
den ich gerade brauche?

Wo ist der Mensch, den ich gerade brauche?
Mir ist illegitim traurig zumut.
Als läge meine Traurigkeit im Bauche.

Ach, welche Menschen sind denn eigentlich gut?
Ich kann es mir im Grunde nicht verhehlen,
Dass ich jetzt böse grüble über die,
Die augenblicklich mir gerade fehlen.

Und kämen sie: Wie schroff empfing ich sie!
Misstrauisch würde selbst mein Loben klagen,
Und wenn ich sänge, wie ein Vogel singt.
Auch käme ich gar nicht darauf, zu fragen,
Ob sie nicht just auch einen von den Tagen
Durchgrübeln, da uns alles schmal misslingt.

———

Kammer-Kummer

Es äugt ein Wunsch aus mir nach der Uhr.
Der lauscht auf Briefträgerschritte
Und murmelt unaufhörlich nur
Die Worte »bitte, bitte«.

Sich schämend richtet sein Gebet
Die Ohren nach der Klingel.
Ein Brief soll läuten. Darauf steht:
»An Herrn Joachim Ringel – –«

Ha! Klingelt schon! Und kommt ein Brief. – –

Nicht der, den ich wollte lesen.

Einschlafende Hoffnung atmet tief,
Träumt ab, was niemals gewesen.

———